友だちと、空の下で、ゆるく料理を楽しむ。

女子キャンプごはん

柚木さとみ

JOSHI
CAMP
GOHAN

Satomi Yug

友だちとキャンプごはんの日は

初めて友だちに連れられてキャンプに行ったのは、もう随分前のこと。

テントを張って乾杯し、仕込んできたお肉を焼いたり、のんびり話しながら料理を作り、みんなで味わいました。

ごはんを作って食べるという、なんてことない日々の延長のようなことを、心地よい自然の中で楽しむそれは、とても豊かな時間でした。以来、キャンプでみんなと料理やお酒を楽しむのは私の大切な時間となりました。

特別な道具がなくても、普段使っている鍋やフライパン、器があればいいし、いつもならなんとなく億劫な下準備や洗い物、後片付けだって楽しい。家で作っておいしかった料理をキャンプで楽しんだり、キャンプで気に入った料理を家でも作ってみたり。

キャンプでは、がつんとしたメイン料理やごはんものだけでなく、野菜もたっぷり楽しみたいし、簡単なものでいいから甘いおやつもあったら嬉しい。そんなレシピたちをこの本ではご紹介しています。手にしてくださった方が、自然の中で料理を楽しみながら、誰かと過ごすそんなひとときに、“これおいしいね”と笑顔になれるレシピを見つけていただけたら嬉しく思います。

柚木さとみ

目次

MAIN DISH

SALAD

SIDE DISH

APPETIZER

BEER

WINE

SAKE

RICE&NOODLE

SOUP

DESSERT

キャンプごはんを作る前に

- 小さじ1は5mℓ、大さじ1は15mℓ、1カップは200mℓです。
- ごく少量の調味料の分量は「少々」または「ひとつまみ」としています。
「少々」は親指と人差し指でつまんだ分量、「ひとつまみ」は親指と人差し指と中指でつまんだ分量になります。
- 「適量」はちょうどよい分量、「適宜」は好みで入れなくてもよいということです。
- 調味料のオリーブオイルはエクストラバージンオイル、塩は自然塩、胡椒は黒胡椒を使っています。
- 野菜類は特に指定のない場合は、洗う、むくなどの作業を済ませてからの手順を説明しています。

鍋などはひとまとめに。

アウトドア用でなくても、軽量でコンパクトなものや重ねて収納できるものがおすすめ。気温が不安定な屋外では、鍋中の温度を上げるため、蓋もあると便利。愛用しているのは、『ソト（SOTO）』の鍋、『トランギア』のラージメスティン、『バウルー』のホットサンドメーカーなど。

調理道具も食器として活用。

キャンプのときは作り立てを楽しむのも醍醐味。フライパンのまま、カッティングボードの上で切ったままで楽しむのがおすすめ。

調理道具と、調味料や缶詰類はそれぞれまとめて。

調理で必要になるトングや菜箸、キッチンペーパー、ラップなどは一緒にバッグに。常温で大丈夫な調味料、缶詰類、野菜、果物もまとめておくと便利。

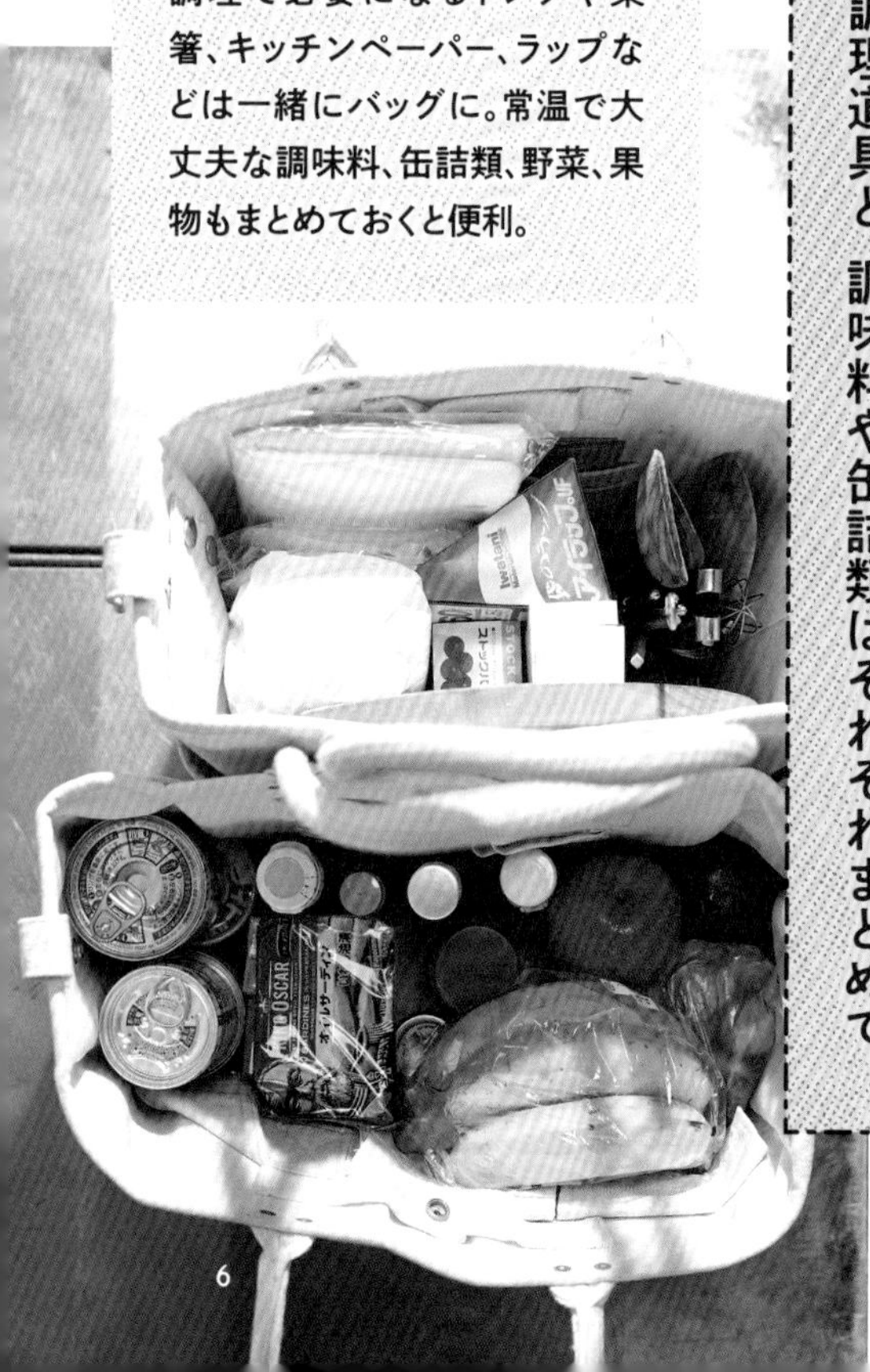

皿は割れにくいアルミ製や木のものを中心に、いつもの皿も気にせずに使う。

アルミ製や木のものが安心ですが、普段使い慣れている陶器の食器や厚手のグラスなどを持って行っても。

キャンプごはんの準備

ハーブ類は湿らせたペーパータオルで包んでフレッシュさをキープ。

生のハーブはキャンプごはんでも重宝。洗って水気をきり、湿らせたペーパータオルで包んでから買ったパックに戻して持って行けば、形も崩れずに新鮮なまま。

冷凍しておいた食材は保冷剤の代わりになる。

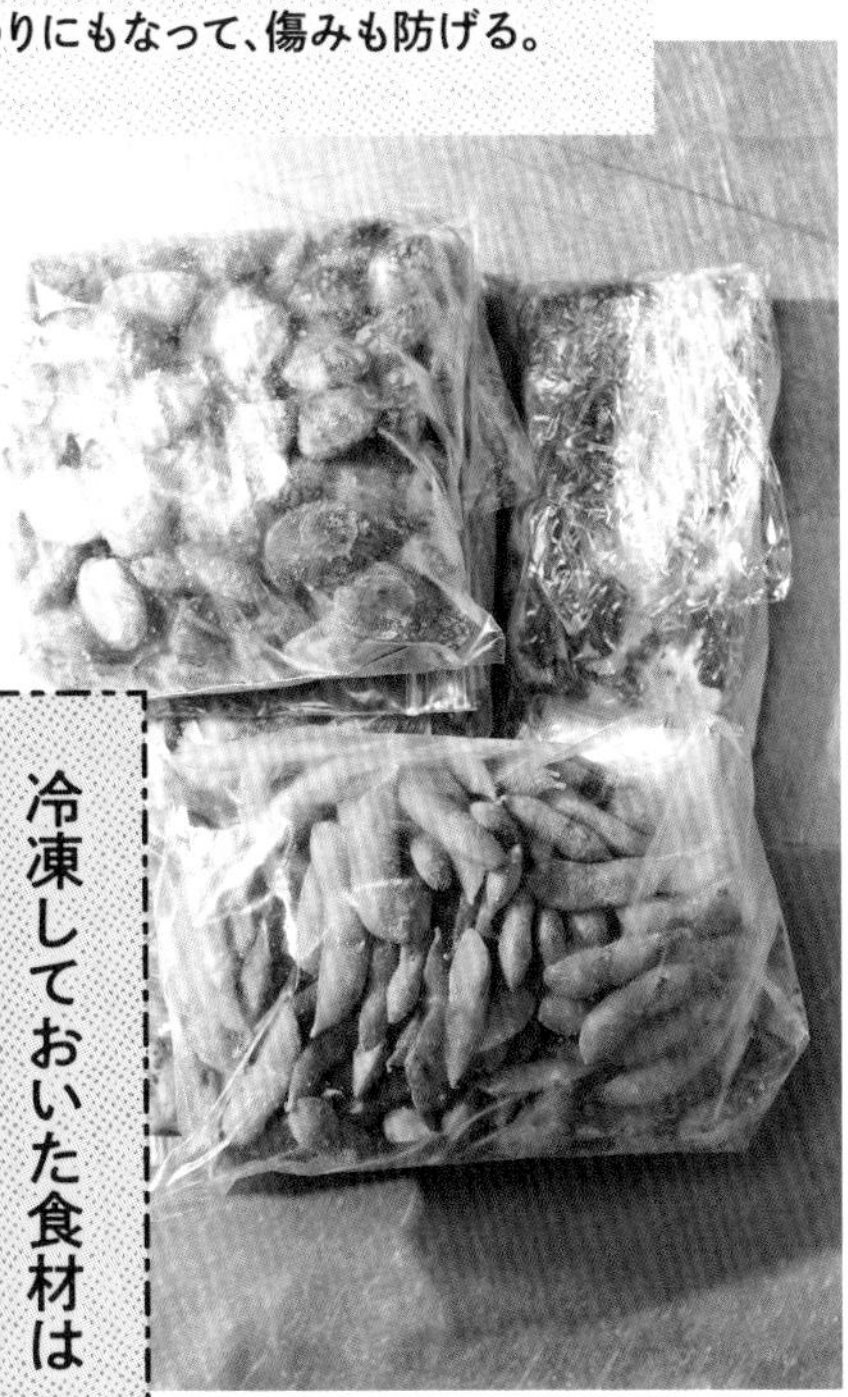

砂抜きしたあさりは冷凍して、冷凍枝豆もそのままで運べば、保冷剤の代わりにもなって、傷みも防げる。

後片付けの道具は折りたためるものを活用。

バケツは折りたためるものが便利。汚れたものはをそのままバケツに入れて洗い場へ。洗ったものはネットに入れて吊るしておくと、ふく手間も省ける。

野菜は洗って、刻んで持って行く。

葉野菜は洗ってペーパータオルで包み、切っても劣化しにくい玉ねぎ、パプリカ、ブロッコリーなどは切って密閉袋に入れて持って行くと便利。

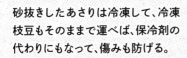

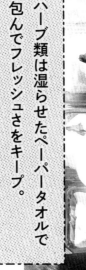

いろいろ使えるキャンプのディップ&ソース

A 味噌マヨディップ

●材料（作りやすい分量）

味噌、マヨネーズ…各大さじ4
おろしにんにく、しょうゆ
…各小さじ1
コチュジャン…小さじ1/2

●作り方

すべての材料をよく混ぜる。

●memo

*冷蔵庫で2週間保存可能。作り立てもおいしいが、2～3日置いたほうがにんにくがまろやか。

*蒸し野菜や野菜スティックに。焼きおにぎりに塗ってもおいしい。

B 柚子胡椒ディップ

●材料（作りやすい分量）

柚子胡椒…小さじ1/2
プレーンヨーグルト（無糖）、
マヨネーズ…各大さじ2

●作り方

柚子胡椒はマヨネーズ少々を混ぜてよく溶いてから、残りのマヨネーズとプレーンヨーグルトを加えて混ぜる。

●memo

*冷蔵庫で3～4日保存可能。
*マヨネーズの半量をプレーンヨーグルトにすることでさっぱりとしたディップに。
*野菜スティックやステーキに添えても。

C しょうゆ麹ヨーグルトディップ

●材料（作りやすい分量）

しょうゆ麹…大さじ1
水きりプレーンヨーグルト
（無糖）…大さじ2

●作り方

すべての材料をよく混ぜる。

●memo

*冷蔵庫で3〜4日保存可能。
*蒸し野菜や野菜スティックに。

D 明太ヨーグルトソース

●材料（作りやすい分量）

明太子…大さじ3（正味）
プレーンヨーグルト（無糖）
…大さじ4

●作り方

すべての材料をよく混ぜる。

●memo

*冷蔵庫で3日間保存可能。
*水きりしたプレーンヨーグルトを使うとかたさのあるディップに。
*蒸し野菜や茹で野菜に。グリーンサラダのドレッシングにしてもおいしい。

E アンチョビヨーグルトソース

●材料（作りやすい分量）

アンチョビ…1〜2枚
プレーンヨーグルト（無糖）
…大さじ5
オリーブオイル…大さじ1
塩…小さじ1/3
粗挽き胡椒…たっぷり

●作り方

アンチョビは細かく刻み、残りの材料とよく混ぜる。

●memo

*冷蔵庫で3〜4日保存可能。
*茹で野菜やグリーンサラダのドレッシングに。

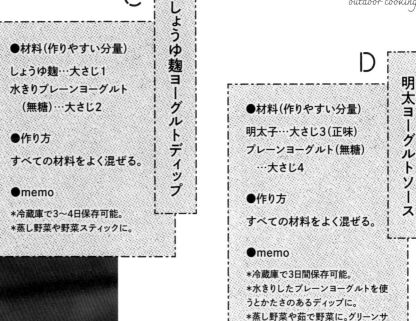

ジューシーサーロインステーキ

キャンプごはんのスタートは豪華にステーキ！
パンにマヨネーズとわさびを塗り、サンドにしても。

“MAIN DISH”

outdoor cooking

作り方→13ページ

ジューシーサーロインステーキ

材料（3～4人分）

牛ステーキ用肉…2枚
塩、粗挽き胡椒…各少々
オリーブオイル…適量
サニーレタス、
　紫玉ねぎ（または普通の玉ねぎ）、
　クリームチーズ…各適量

作り方

❶サニーレタスは洗い、水気をふく。紫玉ねぎは薄切りにして水にさらし、水気をきる。
❷牛肉はペーパータオルで水気をふき、焼く直前に塩と粗挽き胡椒を全体にふって下味をつける。
❸グリルパンを強火で熱し、オリーブオイルを入れて片面1分30秒～2分ずつ焼く。
❹食べやすく切り、紫玉ねぎとクリームチーズとともにサニーレタスで巻いて食べる。

memo

*肉を焼くときは常温にしばらく置いてから焼くと、火の通りがよい。
*鉄製のグリルパンがおすすめ。煙が出る程度まで十分に温めてから焼く。
*グリルパンがない場合は、フライパンでOK。

ローストビーフのサラダ仕立て

材料(3〜4人分)

牛もも肉(ブロック)…400g
塩…小さじ1/2(肉の重量の0.5%強)
オリーブオイル…適量
赤ワイン(または酒)…1/4カップ
A | オリーブオイル…大さじ1
 | バルサミコ酢…小さじ1
 | 塩…小さじ1/4
 | 粗挽き胡椒…適量
サニーレタス、クレソン、
　ミックスナッツ(有塩)…各適量

作り方

❶サニーレタスとクレソンは洗って水気をふく。
❷牛肉は焼く30分以上前に常温に近づける。全体に塩をすり込み、オリーブオイル小さじ2を塗る。
❸フライパンにオリーブオイル少々を入れて強めの中火で熱する。②を入れ、全面を1分ずつ焼きつける。
❹赤ワインを加え、ひと煮立ちしたら蓋をして弱火で途中上下を返しながら8分ほど蒸し焼きにする。
❺肉の中心に金串を刺して数秒おいてから引き抜き、串がほんのり温かくなっていたら火を止める。アルミホイルで包み、フライパンに戻し入れて蓋をして30分ほど置く。
❻サニーレタスとクレソンは手でちぎって皿に盛る。好みの厚さに切り分けたローストビーフを盛り、砕いたミックスナッツを散らしてAを順にかける。

memo

*金串を刺してみて、肉の中心がまだ冷たいようならさらに1分ほど加熱する。

*ローストビーフは肉汁としょうゆ小さじ2とバルサミコ酢小さじ1を煮詰めたソースでシンプルに食べても。

難しそうに感じるローストビーフは、実はラクチン料理。
赤ワインで蒸し焼きにし、ホイルで包んで
ほったらかしにするだけで絶品の火の通りに。

材料(3～4人分)

豚バラ肉(ブロック)…500g
塩…小さじ2(肉の重量の2%)
ねぎナムル
　長ねぎ(白い部分)…1本
　ごま油、酢、炒りごま…各小さじ2
　塩、きび砂糖…各小さじ1/2
サムジャン
　コチュジャン、味噌…大さじ2
　ごま油…大さじ1
　酢、炒りごま…各小さじ2
キムチ、サニーレタス、えごまの葉
　…各適量

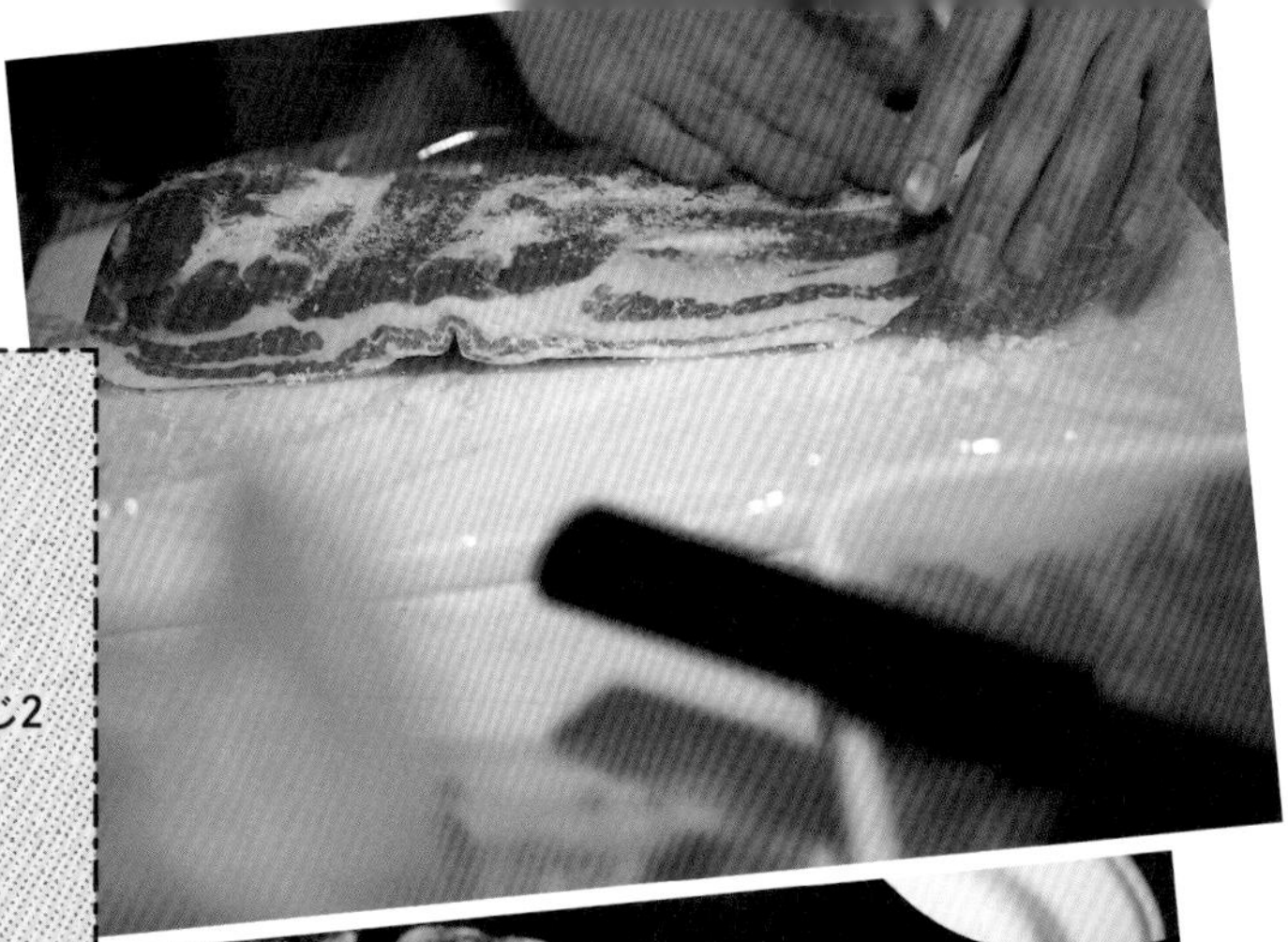

下準備

*豚肉はペーパータオルで水気をふき、全体に塩をすり込む。空気が入らないようにラップで二重に包み、冷蔵庫で1日以上置く。

*ねぎナムルのねぎは小口切りにし、残りの調味料と和えておく。

*サムジャンの材料はすべて混ぜておく。

作り方

❶サニーレタスとえごまの葉は洗って水気をふく。
❷塩豚の水気をペーパータオルでふき、5～6㎜厚さに切る。
❸グリルパンを中火で熱し、①を並べる。脂が出て、香ばしい焼き色がつき、カリッとするまで両面を焼いたらねぎナムル、サムジャン、キムチ、野菜とともに食べる。

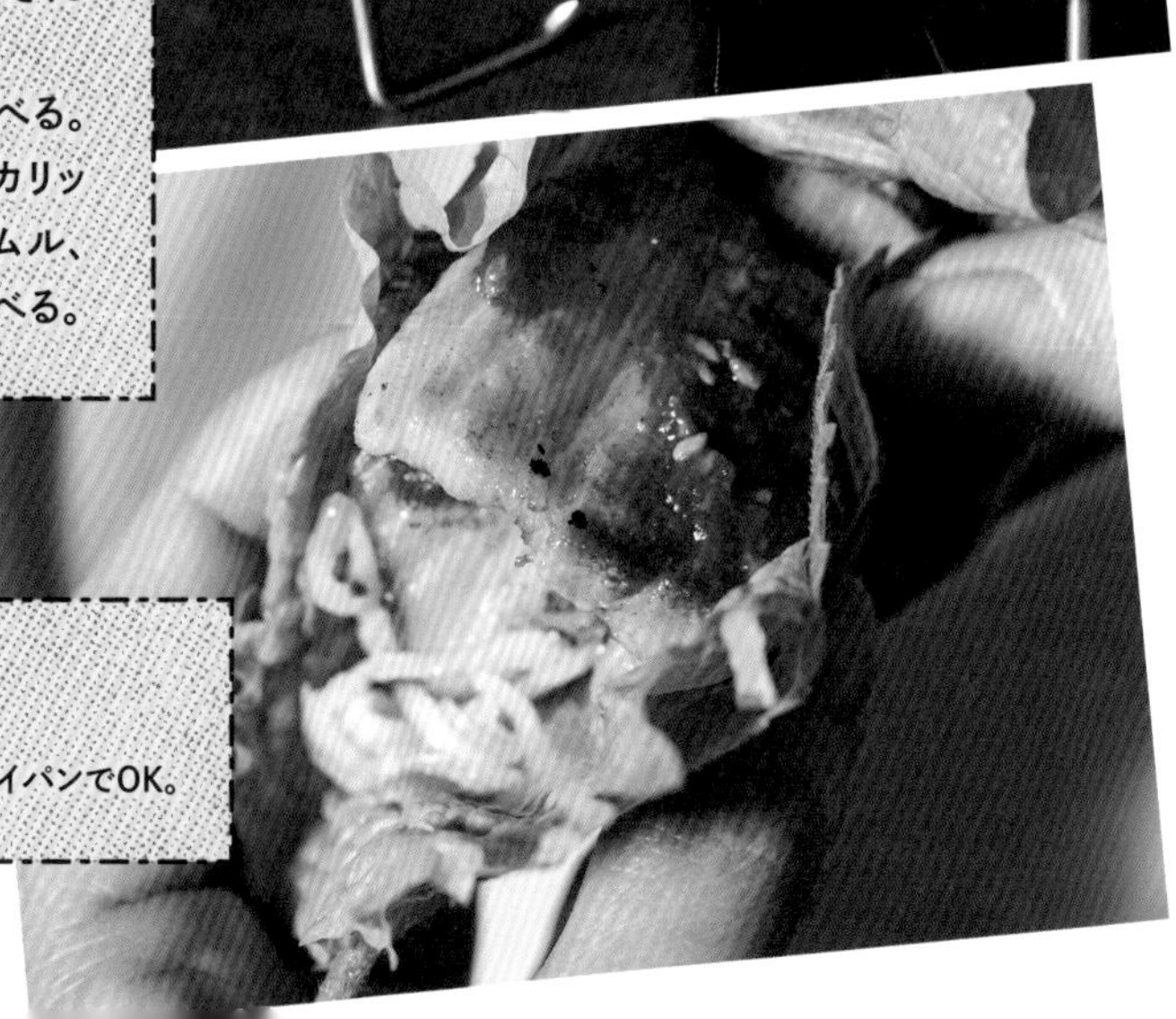

memo

*塩豚は冷蔵庫で4～5日保存可能。

*サムジャンは冷蔵庫で2週間保存可能。

*グリルパンは脂が落ちるのでおすすめ。ない場合は、フライパンでOK。

塩豚のサムギョプサル風

塩豚はたっぷりの野菜と一緒に食べるのがおいしい。
きゅうりやにんじんのせん切り、
貝割れ大根を合わせても。

スペアリブの塩麹マスタード焼き

塩麹にじっくり漬け込むので、
ジューシーでやわらか。骨付き肉なので、
飲みながらじっくり焼きましょう。

材料(3〜4人分)

豚スペアリブ…8本(700〜800g)
塩麹…小さじ2
A | 粒マスタード…大さじ1
　| しょうゆ、はちみつ、
　| 赤ワイン(または酒)
　| …各大さじ1/2
オリーブオイル…小さじ2

下準備

*豚スペアリブはペーパータオルで水気をふき、全体に塩麹をすり込み、Aとともに密閉袋に入れてよくもみ、空気を抜いて冷蔵庫で半日以上置く。

作り方

グリルパンにオリーブオイルを入れ、中火で熱する。調味料を軽くぬぐった豚スペアリブを並べ、途中返しながら20分ほどじっくり焼く。

memo

*肉を焼くときは常温にしばらく置いてから焼くと、火の通りがよい。
*塩麹を使うと肉がやわらかく仕上がるが、なければ塩小さじ1で下味をつけても。
*グリルパンがない場合は、フライパンでOK。
*調味料に漬け込んだ肉は焦げやすいので様子を見て、火加減を調整する。

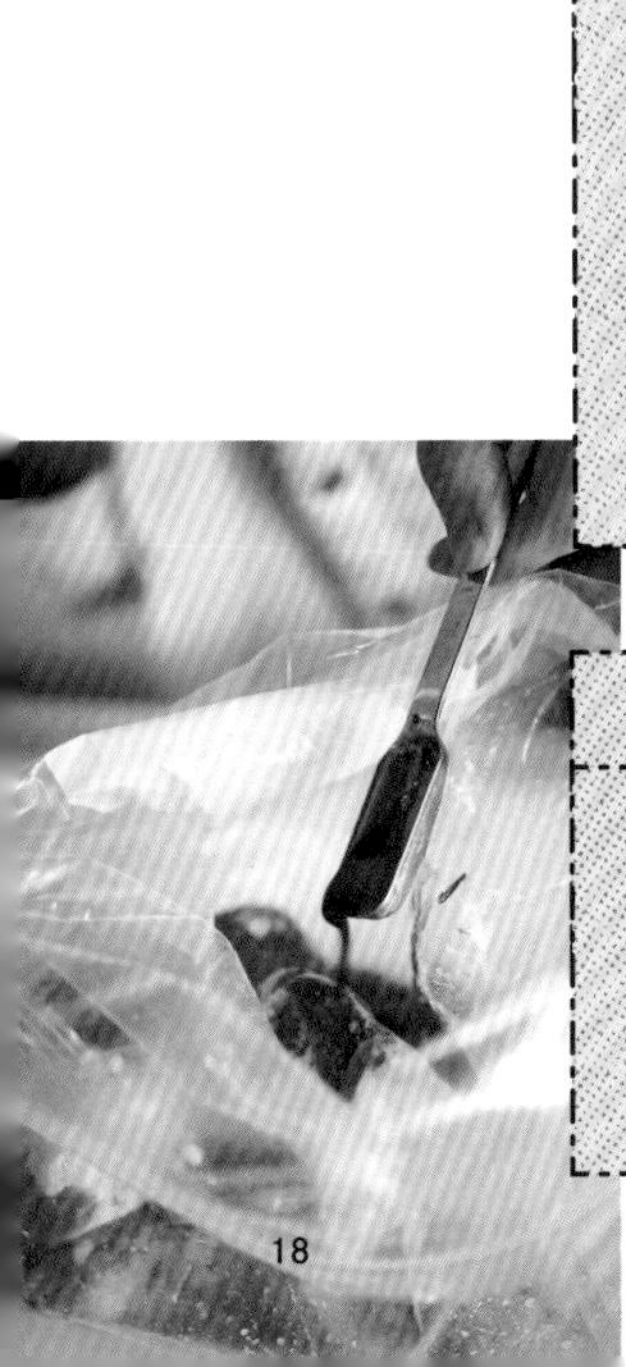

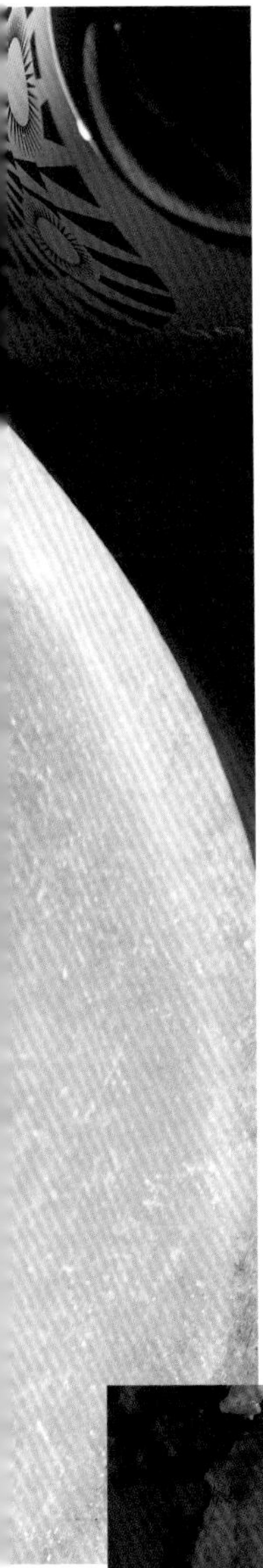

タンドリーチキン

多めに仕込んで、半分は焼いて、残りはカレーにしても。

スパイシーな香りが食欲をそそります。

材料（3〜4人分）

鶏もも肉…2枚（約500g）
塩…小さじ1（肉の重量の1%）
粗挽き胡椒…少々
はちみつ…小さじ1
A｜おろし玉ねぎ…大さじ1
　｜おろししょうが…小さじ1と1/2
　｜おろしにんにく…小さじ1/2
　｜プレーンヨーグルト（無糖）、
　｜　トマトケチャップ…各大さじ3
　｜カレー粉…大さじ1
オリーブオイル…小さじ2

下準備

*鶏肉はペーパータオルで水気をふき、余分な脂を除く。皮目全体にフォークで穴をあけて大きめのひと口大に切る。塩をすり込み、粗挽き胡椒とはちみつを順にもみ込む。密閉袋にAを入れて混ぜ、鶏肉を入れてもみ込み、空気を抜いて冷蔵庫で半日以上置く。

作り方

フライパンにオリーブオイルを入れて中火で熱し、調味料を軽くぬぐった鶏肉を皮目から入れる。焼き色がついたら蓋をし、途中返しながら15分ほどじっくり焼く。

memo

*鶏肉は最初に塩で下味をつけると味が入りやすい。

*漬け込んだ鶏肉は冷蔵庫で3日間保存可能。

*焼くときはしばらく常温に置いてから焼くと、中まで火が通り、やわらかく仕上がる。

*鶏手羽元を使うときは、骨と肉の間に包丁で切り込みを入れておくと、味の染み込みもよく、食べるときに骨から身が離れやすくなる。

*調味料に漬け込んだ肉は焦げやすいので様子を見て、火加減を調整する。

鶏手羽元の黒酢煮

材料を入れて煮込むだけの簡単レシピ。
キャンプだけでなく、おうちの定番メニューにもおすすめ。

鶏手羽元の黒酢煮で〝親子丼〟

黒酢煮が残ったら、ぜひ、親子丼に。
キャンプごはんで食べる〆に最高の一品。

作り方→22ページ

ガーリックチキンソテー 花椒風味

チキンソテーは味変できるのが楽しいところ。スパイスやハーブで、好みの味に。

作り方→23ページ

鶏手羽元の黒酢煮

材料(3～4人分)

鶏手羽元…12本
しょうがの薄切り(皮付き)…3～4枚
黒酢、ナンプラー…各大さじ3
しょうゆ、きび砂糖…各大さじ1と1/2
赤唐辛子…1～2本

作り方

❶鶏手羽元はペーパータオルで水気をふき、フォークで全体に穴をあける。
❷鍋にすべての材料と水3カップを入れて強火にかける。煮立ったらアクを取り、ペーパータオルで落とし蓋をしてから蓋をずらしてのせ、弱火で40分ほど煮る。
❸味を見て、足りなければしょうゆ適量(分量外)で味を調える。

memo

*大根を一緒に煮てもおいしい。その場合は1.5cm厚さに切り、皮をむいて面取りし、片面に十字の切り込みを入れた大根を作り方②のアクを取ったあとで加える。再び煮立ったら同様に落とし蓋をして40分ほど煮る。
*でき立てもおいしいが、少し置いたほうがより味がなじみ、肉もやわらかくなる。

アレンジ

鶏手羽元の黒酢煮で〝親子丼〟

材料(2人分)

鶏手羽元の黒酢煮の手羽元…3本
鶏手羽元の黒酢煮の煮汁…1/2カップ
卵…2個
玉ねぎ…1/4個
ごはん、小ねぎの小口切り、一味唐辛子…各適量

作り方

❶黒酢煮の手羽元は骨を外してほぐす。玉ねぎはごく薄く切る。
❷フライパンに①、煮汁、玉ねぎを入れて中火にかける。玉ねぎが煮えて煮汁が半量程度に煮詰まったら卵をフォークでさっと溶き、フツフツとしたところに3/4量を回し入れる。フライパンを軽く揺すりながら1分ほど煮たら残りの溶き卵を加え、そのまま30秒加熱する。
❸火を止めて蓋をして20～30秒蒸らし、お玉ですくい皿に盛ったごはんにのせる。小ねぎを散らし、一味唐辛子をふる。

memo

*煮汁はしっかり煮詰めて味を凝縮させる。
*玉ねぎは火が通りやすいように、ごく薄く切ってクタクタに。
*卵は溶き過ぎるとふっくら仕上がらないので、フォークで数回混ぜる程度に。

ガーリックチキンソテー 花椒風味

材料（3〜4人分）

鶏もも肉…2枚（約500g）
塩…小さじ1/2（肉の重量の0.5%）
にんにく…1片
花椒粉…たっぷり
オリーブオイル…小さじ1

作り方

❶鶏肉はペーパータオルで水気をふき、余分な脂を除く。皮目全体にフォークで穴をあけ、全体に塩をすり込む。にんにくは2㎜幅に切る。
❷フライパンにオリーブオイルとにんにくを入れて中火で熱し、鶏肉を皮目から入れ、片面4分ずつ色よく焼く。にんにくが途中焦げそうになったら一度取り出し、仕上げに再び加える。
❸食べやすい大きさに切り、塩少々（分量外）をふり、花椒粉をふる。

memo

＊肉を焼くときは常温にしばらく置いてから焼くと、火の通りもよく、やわらかく仕上がる。
＊シンプルに粗挽き胡椒で作っても。にんにくと一緒にローズマリーやタイムなどを入れて洋風もおすすめ。

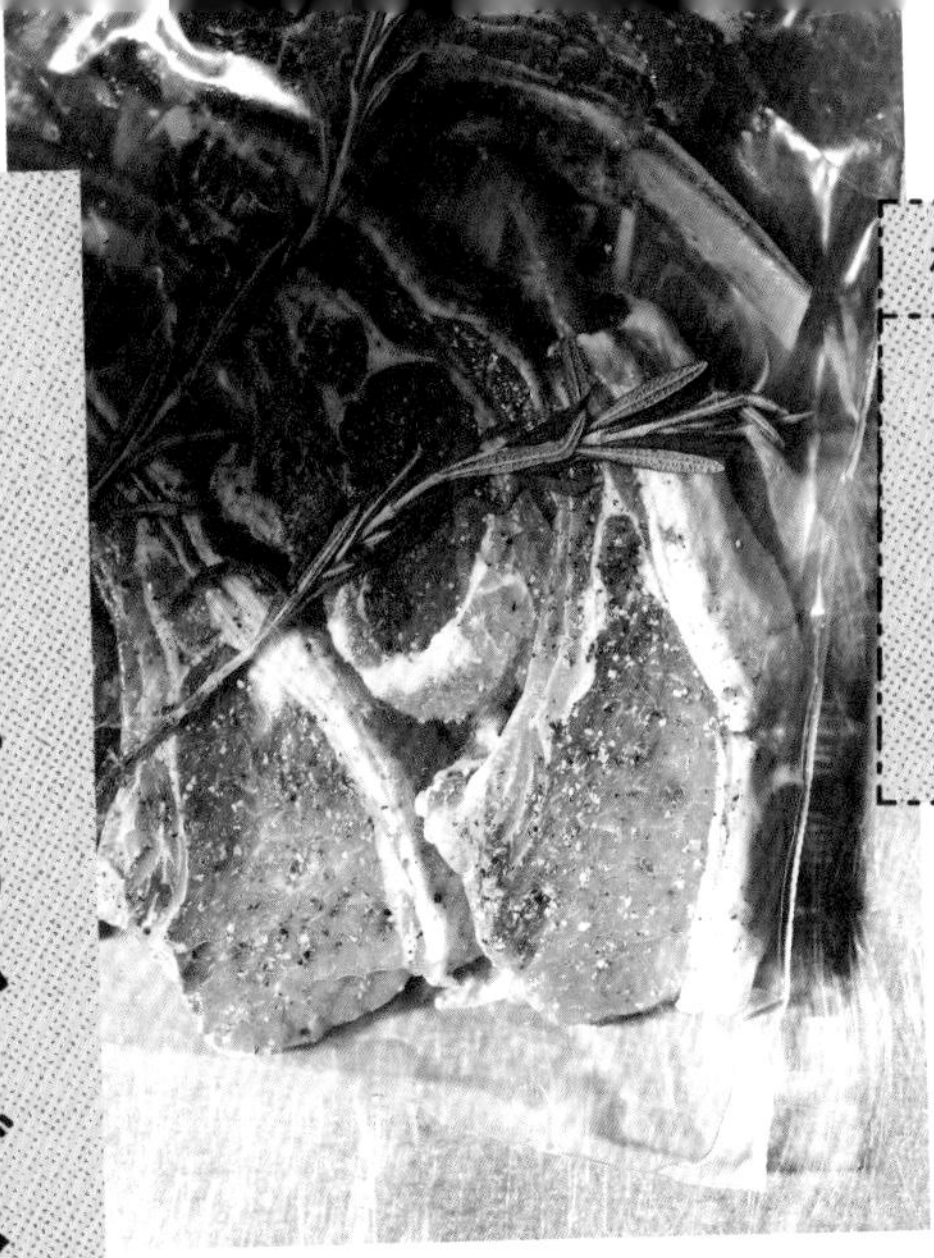

ラムチョップのハーブマリネ焼き

キャンプごはんで人気なのはやっぱり骨付き肉。
ラム肉なら食べやすく、ビールにも最高に合います。

材料(2〜3人分)

ラムチョップ…5〜6本(約500g)
塩…小さじ1/2(肉の重量の0.5%)
粗挽き胡椒…小さじ1/2
ローズマリー(生)…1〜2本
オリーブオイル…大さじ1と1/2

下準備

*ラムチョップはペーパータオルで水気をふき、塩と粗挽き胡椒をすり込む。密閉袋にローズマリー、オリーブオイルとともに入れてもみ込み、空気を抜いて冷蔵庫で半日以上置く。

2種の豆のチリビーンズ

シュレッドチーズを
トッピングしてもおいしいです。
たっぷりのレタスと一緒に
ドッグパンに挟んでも。

作り方

グリルパンを中火で熱し、ラムチョップとローズマリーをのせ、途中返しながらで両面にこんがりとした焼き目がつくまで15～20分焼く。

memo

*肉を焼くときは常温にしばらく置いてから焼くと、火の通りもよい。
*グリルパンがない場合は、フライパンでもOK.

アレンジ

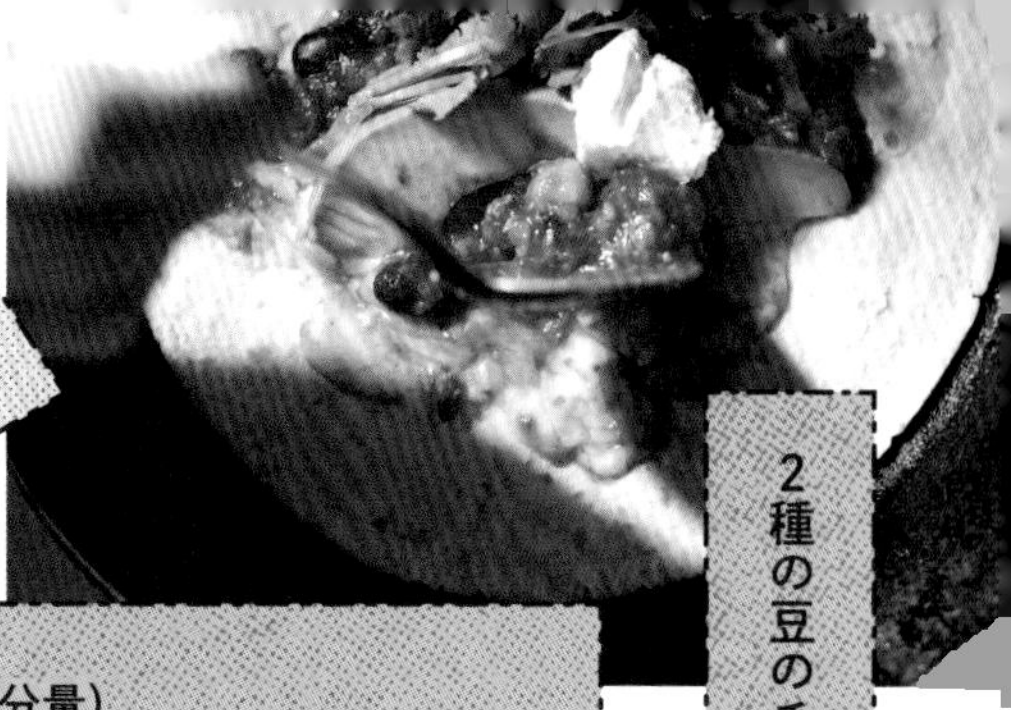

2種の豆のチリビーンズで"トルティーヤラップ"

材料(作りやすい分量)
2種の豆のチリビーンズ、トルティーヤ、シュレッドチーズ、アボカドのスライス、香菜、サワークリーム…各適量

作り方
❶トルティーヤにシュレッドチーズと2種の豆のチリビーンズをのせてフライパンで温める。
❷チーズが溶けたら、アボカド、香菜、サワークリームをのせて巻く。

memo

*チーズが溶けにくい場合は、蓋をして加熱する。

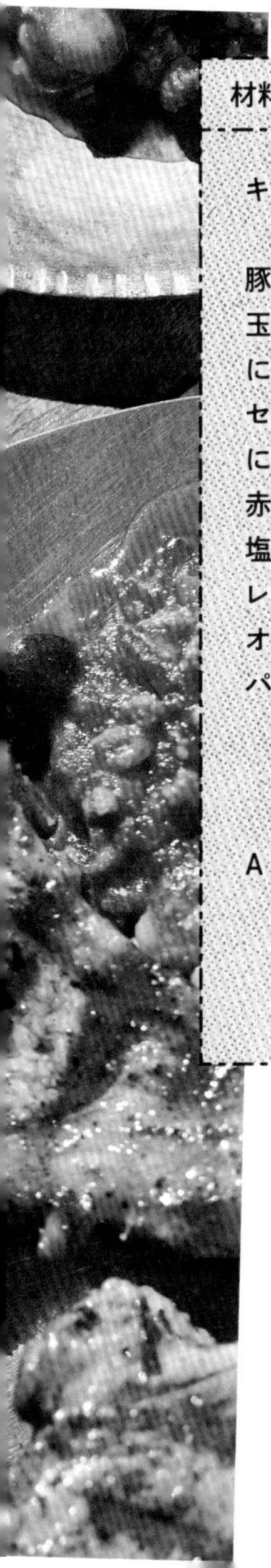

材料(5～6人分)

キドニービーンズ(水煮)、
　ひよこ豆(水煮)…各300g(正味)
豚挽き肉…300g
玉ねぎ…1個
にんじん…1/2本
セロリ…1/2本
にんにく…1片
赤ワイン(または酒)…大さじ2
塩、粗挽き胡椒…各小さじ1/2
レッドペッパー…小さじ1/3
オリーブオイル…大さじ1
パウダースパイス
　チリパウダー…大さじ1
　クミン、コリアンダー…各小さじ2
　ナツメグ…少々
A　トマト水煮缶(ホール)…2缶
　ウスターソース、
　　トマトケチャップ…各大さじ2
　しょうゆ…小さじ1

作り方

❶すべての野菜は粗みじん切りにする。
❷鍋にオリーブオイルとにんにくを入れて中火で熱する。香りが立ったら玉ねぎを加えて炒める。
❸玉ねぎがしんなりしたら残りの野菜、塩、粗挽き胡椒を加える。野菜の香りがしてくるまで、たまに混ぜながらじっくり炒める。
❹挽き肉を加え、ポロポロになるまで炒めたら、豆類と赤ワインを加える。アルコール分が飛ぶまで炒めたら、パウダースパイスを加える。
❺スパイスの香りがしてきたら、Aと水1/4カップを加える。煮立ったら弱火にして15分ほど煮て、レッドペッパーを加えて混ぜ、塩適量(分量外)で味を調える。

memo

*野菜類は家でみじん切りにして持って行っても便利。
*豆も野菜もじっくり炒めることで旨みがアップする。
*パウダースパイスは香りをしっかりと引き出すように炒める。
*レッドペッパーは好みの辛さで多めに加えてもよい。

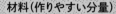

ホタテのソテー レモンバターしょうゆソース

ホタテは冷凍して持って行くと傷みにくくて安心。
パセリやレモンで洋風に楽しみます。

材料(3〜4人分)

ホタテ(ボイル)…200g
パセリ…適量
レモン…1/2個
しょうゆ…小さじ1/2
バター…20g

作り方

❶フライパンにバターを入れて中火で熱する。バターが溶けたらホタテを並べ、両面に焼き色がつくまで焼く。
❷しょうゆをふり、レモンを搾る。フライパンを揺すってバターとレモン汁をよく混ぜながらホタテに絡め、パセリをちぎって加える。

memo

＊ホタテを冷凍して持って行く場合は、自然解凍して水気をふいてから使う。

あさりとバジルのレモンナンプラー炒め

ナンプラーとバジルの香りが最高。
エスニック風のあさりの炒め物です。

材料(3〜4人分)

あさり…200〜250g
ミニトマト…10〜12個
にんにく…1片
バジル…1パック
ライム…1/2個
オリーブオイル…大さじ1
白ワイン(または酒)…大さじ3
ナンプラー…小さじ2

下準備

*あさりは砂抜きして密閉袋に入れ、冷凍しておく。

作り方

❶ミニトマトはヘタを取る。にんにくは粗みじん切りにする。
❷フライパンにオリーブオイルとにんにくを入れて中火で熱する。香りが立ったらあさりを加えて強火にしてさっと炒め、白ワインを加えて蓋をする。
❸ときどきフライパンを揺すり、あさりの口がすべて開いたらミニトマトとナンプラーを加えて1分ほど加熱する。
❹トマトの皮がはじけたらバジルを手でちぎって加え、火を止めてライムを搾り、さっと混ぜる。

memo

*冷凍したあさりは保冷剤の代わりにもなり、傷まず安心。食感は少しボソボソするが、旨み成分がアップ。

*調理の際は凍ったままで加熱する。

"SALAD"

outdoor cooking

山盛りマッシュルームのサラダ

洗わずに使えるきのこ類はキャンプでも大活躍。
たっぷりのマッシュルームをサラダ仕立てに。

新玉ねぎと生ハムのマリネ

薄切り玉ねぎと生ハムを合わせるだけ！
まずは軽く飲みたい、そんなときにおすすめです。

作り方→30ページ

キャロットラペいろいろ

キャロットラペはいろいろアレンジ可能！
メインの肉料理にもよく合います。

作り方→31ページ

山盛りマッシュルームのサラダ

材料（2〜3人分）

マッシュルーム…1パック
コンテチーズ（またはパルミジャーノ・レッジャーノ、ペコリーノ・ロマーノなど）…適量
ドレッシング
　バルサミコ酢、オリーブオイル…各小さじ2
　塩…小さじ1/4
　粗挽き胡椒…少々

作り方

❶マッシュルームはペーパータオルで汚れをふき、あれば石づきを先に切り落として薄切りにする。
❷チーズはピーラーで薄く削る。皿にマッシュルームとチーズを盛り、よく混ぜたドレッシングを回しかける。

memo

＊きのこ類は水洗いしなくていいのでキャンプで便利な食材のひとつ。ペーパータオルで軽くふいて調理する。

新玉ねぎと生ハムのマリネ

材料（2〜3人分）

生ハム…60g
新玉ねぎ（または玉ねぎ）…1個
パプリカ…1/4個
オリーブ（グリーン）…10個
粗挽き胡椒…少々
ドレッシング
　オリーブオイル…大さじ1
　レモン汁…小さじ2
　塩…小さじ1/4

作り方

❶新玉ねぎは薄切りにする。パプリカはヘタと種を取り、2〜3㎜幅の薄切りにする。生ハムは食べやすく切る。
❷ボウルにドレッシングの材料を入れて混ぜ、①とオリーブを加えて和える。5分ほど置いたら粗挽き胡椒をふる。

キャロットラペいろいろ

memo

*ツナのカレー風味キャロットラペはホットサンドにしてもおいしい。

グレープフルーツとディルのキャロットラペ

材料(2〜3人分)

にんじん…1本
グレープフルーツ…1個
ディル…適量
オリーブオイル…大さじ1
レモン汁…小さじ1
塩…小さじ1/2

作り方

❶にんじんは皮をむいてせん切りにする。グレープフルーツは皮をむき、薄皮から果肉を取り出す。
❷ボウルに①とオリーブオイルを入れ、全体に絡めてからレモン汁、塩、手で細かくちぎったディルを加えて和える。

ツナのカレー風味キャロットラペ

材料(2〜3人分)

にんじん…1本
ツナ缶(ノンオイル)…1缶
香菜…3〜4本
オリーブオイル…大さじ1
カレー粉、レモン汁…各小さじ1
塩…小さじ1/2

作り方

❶にんじんは皮をむいてせん切りにする。
❷ボウルに①、水気をきったツナ、オリーブオイルを入れ、全体に絡めてからカレー粉、レモン汁、塩、手で細かくちぎった香菜を加えて和える。

ひよこ豆とパセリのキャロットラペ

材料(2〜3人分)

にんじん…1本
ひよこ豆(水煮)…100g(正味)
パセリ…適量
オリーブオイル…大さじ1
レモン汁…小さじ1
塩…小さじ3/4

作り方

❶にんじんは皮をむいてせん切りにする。
❷ボウルに①、水気をきったひよこ豆、オリーブオイルを入れ、全体に絡めてからレモン汁、塩、手で細かくちぎったパセリを加えて和える。

かぼちゃとにんじんのマッシュサラダ

ナッツの食感と
クリームチーズのコク、
かぼちゃとにんじんの甘みが
箸休めにぴったり。

材料（3～4人分）

かぼちゃ…1/8個
にんじん…2/3本
ミックスナッツ（有塩）…5～6粒
クリームチーズ…大さじ2
塩…小さじ1/4

作り方

❶かぼちゃは種とワタを取り、にんじんは皮をむいてそれぞれ適当な大きさに切って竹串がすっと通るまで蒸すか、茹でる。

❷やわらかくなったら①をボウルに入れてフォークでつぶし、砕いたミックスナッツ、クリームチーズ、塩を加えて混ぜる。味を見て、足りなければ塩適量（分量外）で味を調える。

memo

*残ったらチーズやハム、マヨネーズで塩気をプラスしてホットサンドにしてもおいしい。

アレンジ

残ったサラダで〝ホットサンド〟

かぼちゃとにんじんのマッシュサラダのホットサンド

材料(作りやすい分量)
食パン(8枚切り)、かぼちゃとにんじんのマッシュサラダ(左ページ)、マヨネーズ、ハム…各適量

作り方
食パン1枚にマヨネーズを塗り、ハム、かぼちゃとにんじんのマッシュサラダをのせて二つ折りし、ホットサンドメーカーで焼く。

キャロットラペのホットサンド

材料(作りやすい分量)
食パン(8枚切り)、ツナのカレー風味キャロットラペ(31ページ)、マヨネーズ、スライスチーズ、サニーレタス…各適量

作り方
食パン1枚にマヨネーズを塗り、スライスチーズ、ツナのカレー風味キャロットラペ、サニーレタスをのせて二つ折りし、ホットサンドメーカーで焼く。

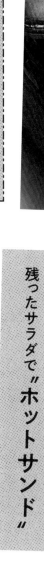

アボカドとピータンのサラダ

アボカドもピータンも
常温で大丈夫な食材だから便利。
香菜が味を爽やかに
まとめてくれます。

材料(2〜3人分)

アボカド…1個
ピータン…1個
香菜…2〜3本
A ごま油…小さじ2
　塩…小さじ1/2
　レモン汁、炒りごま…各小さじ1

作り方

❶アボカドは皮と種を除いてひと口大に切る。ピータンは殻をむき、同様にひと口大に切る。
❷ボウルに①とAを入れて混ぜ、仕上げに手でちぎった香菜を加えてさっと和える。

memo

*ピータンはアヒルの卵を発酵させた食べ物。台湾産のものが臭みもなく、食感もよくておすすめ。

キウイフルーツとモッツアレラチーズ、ディルのサラダ

ディルの香りを効かせた甘いサラダ。
キウイフルーツのほか、
桃、プラムで作っても。

紫キャベツと金柑のコールスロー

少し苦みのある紫キャベツと
甘い金柑を合わせます。
野菜と果物を
一緒に楽しめるサラダです。

作り方→36ページ

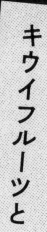

紫キャベツと金柑のコールスロー

材料(4人分)

紫キャベツ…1/4個(約250g)
金柑…5〜6個
オリーブオイル…大さじ1
バルサミコ酢…小さじ2
塩…適量

作り方

❶紫キャベツはせん切りにする。ボウルに入れて塩小さじ1/4をふり、さっと混ぜて5〜10分置く。金柑はヘタを取り、4〜5㎜幅の輪切りにして種を除く。
❷紫キャベツがしんなりしたらオリーブオイルを加えてよく混ぜ、全体がなじんだら金柑、バルサミコ酢、塩小さじ1/4を加えて和える。

memo

＊紫キャベツはハリがあるので、塩をしたあとは水気を絞らなくてok。普通のキャベツで作る場合は、塩をして水気が多く出るようなら軽く水気を絞る。
＊金柑が手に入らない場合は、オレンジの果肉1個分に替えて作る。

キウイフルーツとモッツァレラチーズ、ディルのサラダ

材料(2〜3人分)

キウイフルーツ…1個
モッツァレラチーズ(ミニ)…1袋
ディル…適量
A｜オリーブオイル…小さじ2
　｜レモン汁…小さじ1
　｜塩…小さじ1/3

作り方

❶キウイフルーツは皮をむき、5㎜幅の輪切りにしてからいちょう切りにする。モッツァレラチーズは水気をきる。
❷ボウルにAを入れて混ぜ、①と手でちぎったディルを加えて和える。

memo

＊今回はひと口タイプのモッツァレラチーズを使用。大きいものを使う場合は、適当な大きさにちぎる。

“SIDE DISH”

outdoor cooking

蒸し野菜、味噌マヨディップと明太ヨーグルトソース

茹でるよりも、ほったらかしにできる蒸し料理が実は簡単。
ソースやディップで蒸し立てホカホカをいただきます。

材料(3〜4人分)

里芋…12個
カリフラワー…1/2個
味噌マヨディップ(8ページ)、明太ヨーグルトソース(9ページ)…各適量

作り方

❶里芋はよく洗い、カリフラワーは小房に分ける。
❷オーブンシートを敷いた蒸篭に皮付きのまま里芋を入れ、竹串がすっと通るまで15分ほど蒸す。カリフラワーは5分ほど蒸し、味噌マヨディップと明太ヨーグルトソースを添える。

memo

*蒸篭がない場合は、鍋に湯を沸かし、ザルを重ねて蓋をして蒸しても。その際の湯量はザルの底に触れない程度に。
*カリフラワーは長く蒸すと煮崩れするので注意。

茹で野菜、アンチョビヨーグルトソース

旬の野菜で楽しんで。
ソースの酸味と塩気が色んな野菜に合います。

材料(2〜3人分)

グリーンアスパラガス…2〜3本
さやいんげん…6本
スナップエンドウ…8本
カリフラワー…6〜8房
塩…ひとつまみ
アンチョビヨーグルトソース(9ページ)…適量

作り方

❶グリーンアスパラガスは根元のかたい皮をピーラーでむき、3等分に切る。さやいんげんはヘタを切り落とし、半分に切る。スナップエンドウはヘタと筋を取る。カリフラワーは大きさを揃えてひと口大に切る。
❷鍋に湯を沸かし、塩を加えて①の野菜を茹でる。色よく茹で上がったら水気をきり、皿に盛ってアンチョビヨーグルトソースを回しかける。

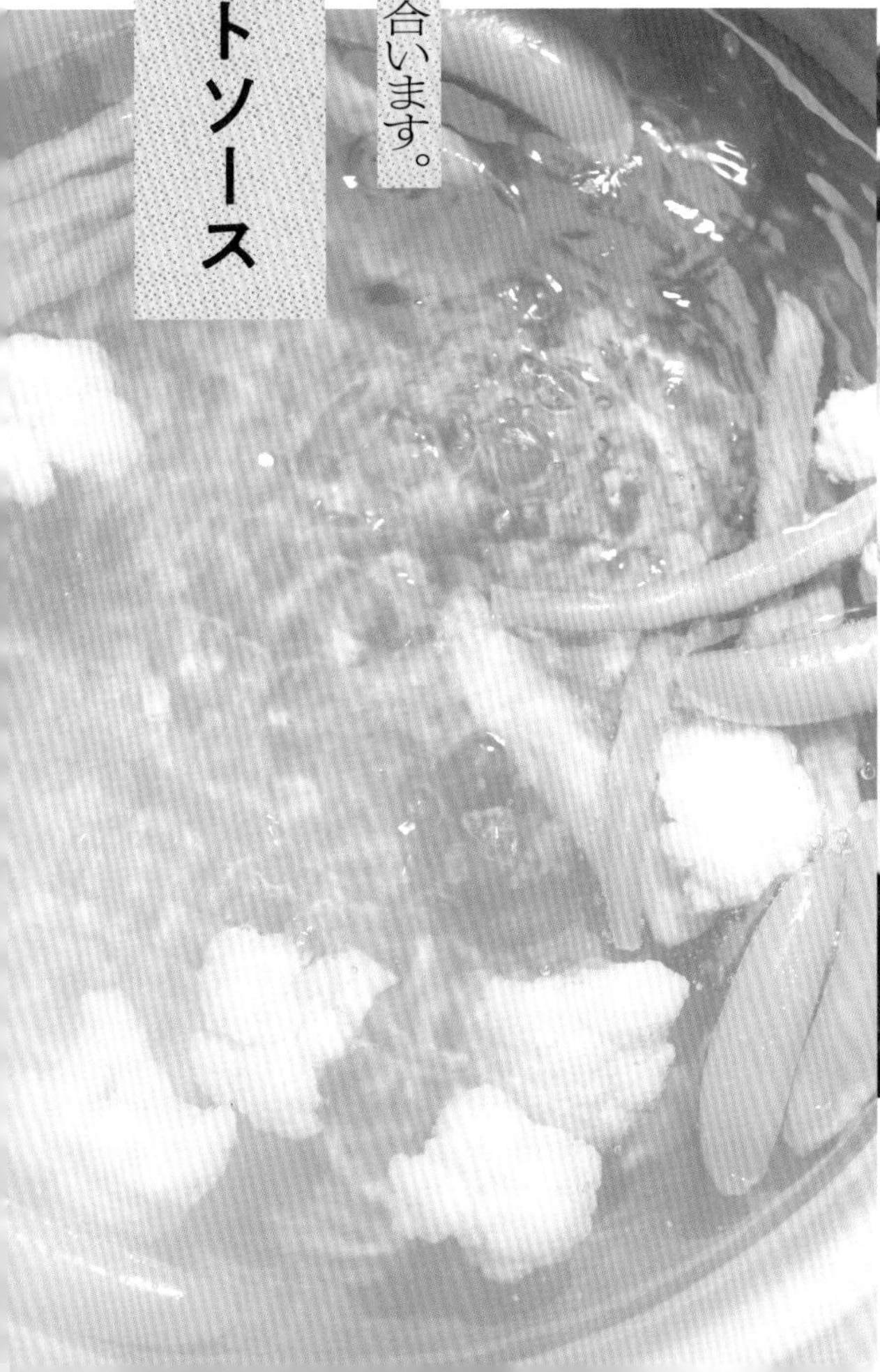

万願寺唐辛子のしらすおかか炒め

香ばしいしょうゆと削り節の香りが食欲を誘います。
切り込みを入れないと、破裂するので要注意。

チーズ入りピーマンのグリルとカリカリベーコン

ピーマンからチーズが溶け出ても気にせずに焼いて。
丸ごと、種もそのまま味わいます。

作り方→42ページ

焼きパプリカのマリネ

キャンプごはんでも
すぐに作れる焼きピクルス。
パプリカに味が染み込んで、
ちょうどよい酸味に。

オクラのスイートチリソース炒め

野菜はシンプルに
焼くだけでもおいしい。
スイートチリソースで
甘く味つけしてエスニック風に。

グリーンアスパラガスのソテーと温泉卵、アンチョビヨーグルトソース

焼いたアスパラガスに
温泉卵をオン。
黄身とヨーグルトソースを
絡めながら楽しみます。

作り方→43ページ

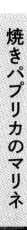

チーズ入りピーマンのグリルとカリカリベーコン

材料(2人分)

ピーマン…4個
シュレッドチーズ…適量
ベーコン(スライス)…4枚
オリーブオイル…小さじ1
しょうゆ…少々

memo

*シュレッドチーズはピーマンの長さの2/3程度まで詰める。
*ピーマンの火の通りが心配であれば、焼き目がついたあとに蓋をして蒸し焼きにする。
*ベーコンから出た脂はピーマンに絡めながら焼く。

作り方

❶ピーマンは包丁で側面に切り込みを1本入れ、種もワタもそのままにして、切り口からシュレッドチーズを詰める。
❷フライパンにオリーブオイルを入れて中火で熱する。ピーマンとベーコンを入れ、ベーコンがカリカリに、ピーマンに焦げ目がつくまで5〜6分焼いたらピーマンにしょうゆを垂らす。

万願寺唐辛子のしらすおかか炒め

材料(2人分)

万願寺唐辛子…6〜7本
しらす…30g
米油…小さじ1〜2
しょうゆ、炒りごま…各小さじ1/2
削り節…たっぷり

作り方

❶万願寺唐辛子はヘタを取り、包丁で切り込みを1〜2か所入れる。
❷フライパンに米油を入れて中火で熱し、万願寺唐辛子としらすを入れてときどきフライパンを混ぜるように揺すりながら6〜7分炒める。
❸しょうゆを回しかけ、炒りごまと削り節を加えてさっと混ぜる。

オクラのスイートチリソース炒め

材料(2人分)

オクラ…8～10本
米油、スイートチリソース
…各小さじ2
酢…小さじ1

作り方

❶オクラはヘタを取り、包丁でガクのかたい部分をぐるりと面取りするようにむき、切り込みを1～2か所入れる。
❷フライパンに米油を入れて中火で熱し、オクラを4～5分炒める。
❸スイートチリソースと酢を加えてフライパンを揺すりながら味をなじませる。

memo

＊スイートチリソースはそのままだと甘みが強いので、酢を少し入れてさっぱりと仕上げる。

焼きパプリカのマリネ

材料(2人分)

パプリカ…1個
にんにく…1/2片
オリーブオイル…大さじ1
酢…小さじ2
塩…小さじ1/2

作り方

❶パプリカはヘタと種を取り、1㎝幅に切る。にんにくは粗みじん切りにする。
❷フライパンにオリーブオイルを入れて中火で熱し、パプリカを炒める。
❸パプリカに焼き色がついてきたらにんにくを加える。にんにくがカリッとするまで炒め合わせたら火を止め、酢と塩を加えてさっと混ぜて火を止め、10分ほど味をなじませる。

グリーンアスパラガスのソテーと温泉卵、アンチョビヨーグルトソース

材料(2人分)

グリーンアスパラガス…4～5本
温泉卵…1個
オリーブオイル…大さじ1
アンチョビヨーグルトソース
(9ページ)…適量
塩、粗挽き胡椒……各少々

作り方

❶グリーンアスパラガスは根元のかたい皮をピーラーでむく。
❷フライパンにオリーブオイルを入れて中火で熱し、グリーンアスパラガスを3～4分焼く。
❸塩をふり、軽く炒めたら皿に盛る。温泉卵をのせ、アンチョビヨーグルトソースを回しかけて粗挽き胡椒をふる。

なすのフライパン焼き、バルサミコマスタードソース

厚切りのなすをじっくり焼いてジューシーに。バゲットにのせてオープンサンドとして楽しんでも。

きのこの焦がししょうゆ焼き

お好みで一味唐辛子をかけたり、すだちを搾っても。きのこのおいしい時期にぜひ試してほしい一品です。

長芋のナンプラー炒め

旨みと塩気があるナンプラーは
味が決まりやすいので便利。
シンプルに焼いただけの長芋が
エスニック風に変身します。

れんこんのハーブ焼き

焼いたれんこんは
シャキッモチッとします。
ハーブをふって
洋風に仕上げました。

作り方→46〜47ページ

きのこの焦がししょうゆ焼き

材料（2人分）

しいたけ…4枚
まいたけ、エリンギ…各1パック
オリーブオイル、しょうゆ…各小さじ2
一味唐辛子…適宜

作り方

❶しいたけは石づきを切り落とす。まいたけは大きめに、エリンギは縦に4等分に割く。
❷フライパンにオリーブオイルを入れ、中火で熱する。きのこを並べて、あまり触らずに焼き目がつくまでじっくり焼いたら返して同様に焼く。
❸全体に色よく焼けたら火を止め、しょうゆを鍋肌から回し入れてフライパンを揺すりながら全体に味をなじませる。好みで一味唐辛子少々をふる。

memo

＊きのこ類はあまり触らずにじっくり焼くことで、ジューシーで香ばしい仕上がりに。

なすのフライパン焼き、バルサミコマスタードソース

材料（2人分）

なす…2本
パプリカ…1/4個
オリーブオイル…大さじ2
バルサミコマスタードソース
　粒マスタード…小さじ1
　しょうゆ…小さじ1/2強
　バルサミコ酢…小さじ1/2

作り方

❶なすはヘタを取り、縦に5～6㎜幅に切る。パプリカはヘタと種を取り、5㎜幅に切る。バルサミコマスタードソースの材料は混ぜておく。
❷フライパンにオリーブオイルを入れてなすの両面にオリーブオイルを絡めてから並べる。中火で熱し、こんがりと片面4～5分ずつ焼く。時間差でパプリカも加え、焼き色がつくまで焼く。
❸皿に盛り、混ぜ合わせたバルサミコマスタードソースを回しかける。

memo

＊なすは油を吸ってしまっても、火が通るとジワジワと油が出てくる。それでも足りなければ油を適宜足す。
＊ソースの酸味が気になる場合は、フライパンに入れ、弱火で熱して酸味を飛ばす。

れんこんのハーブ焼き

材料（2人分）

れんこん…200〜250g
にんにく…1片
オリーブオイル…大さじ1
塩…小さじ1/4
オレガノ（ドライ）、タイム（ドライ）
…各ひとつまみ

作り方

❶れんこんは皮付きのまま5〜6㎜幅の半月切りにし、さっと水にさらして水気をきる。にんにくは包丁の腹でたたいてつぶす。
❷フライパンにオリーブオイルとにんにくを入れて中火で熱し、香りが立ったら、れんこんを加える。
❸途中返しながら全体に焼き目がつくまで7〜8分焼き、塩、オレガノ、タイムをふる。

長芋のナンプラー炒め

材料（2人分）

長芋…200g
ごま油…小さじ2
ナンプラー、きび砂糖、炒りごま…各小さじ1
削り節…たっぷり

作り方

❶長芋はよく洗い、皮付きのまま5㎜角の拍子木切りにする。
❷フライパンにごま油を入れて中火で熱し、長芋を炒める。
❸長芋のベタつきがなくなり、全体がこんがりと色よく焼けたらナンプラーときび砂糖を加えてさっと混ぜ、炒りごまと削り節を加えて炒め合わせる。

memo

*ナンプラーと削り節は相性◎。削り節は細かいものがよくなじむ。

キャベツとオイルサーディンの焦がししょうゆ焼き

甘みのあるキャベツとオイルサーディンが最高の組み合わせ。
キャベツは大きく切って、豪快にこんがり焼いて。

材料(2人分)

キャベツ…1/4個
オイルサーディン(缶詰)…1缶
オリーブオイル、しょうゆ…各小さじ2
レモン…1/2個
粗挽き胡椒…適量

作り方

❶キャベツは半分にくし形切りにする。
❷フライパンにオリーブオイルを入れて中火で熱し、キャベツを並べる。キャベツに焼き色がついたら返し、油をきったオイルサーディンを加え、蓋をして弱火で3～4分蒸し焼きにする。
❸キャベツがしんなりしたら、しょうゆを回しかけ、たまにフライパンを揺すりながらキャベツの芯がやわらかくなるまで焼き、全体にレモンを搾り、粗挽き胡椒をふる。

memo

*芯ごと焼いたキャベツは葉に沿って芯を切り分けると食べやすい。
*オリーブオイルではなく、オイルサーディンの油で焼いてもOK。
*にんにくを一緒に焼いてもおいしい。

さつまいものナンプラーバター焼き

ナンプラーとバターが、甘くてホクホクのさつまいもをより一層おいしくします。

のりしおローストポテト

火が通るまでのんびり焼くのがおいしく作るコツ。キャンプごはんだけでなく、家でもリピートしたい味です。

作り方→50ページ

さつまいものナンプラーバター焼き

材料（2人分）

さつまいも…1本（約250g）
バター…10g
ナンプラー…小さじ1
米油…小さじ2
塩…少々

作り方

❶さつまいもはよく洗い、皮付きのまま5㎜幅の輪切りにし、さっと水にさらして水気をきる。
❷フライパンに米油を入れて中弱火で熱し、さつまいもを並べる。両面に焼き色がついたら水小さじ2を加え、蓋をして弱火で2〜3分蒸し焼きにする。
❸さつまいもがやわらかくなったら蓋を外し、中火にして水気を飛ばしてからバターとナンプラーを加える。フライパンを揺すりながら味をなじませ、仕上げに塩をふる。

memo

＊バターは最後に加えて風味よく仕上げる。

のりしおローストポテト

材料（2人分）

じゃがいも…2個
オリーブオイル…大さじ1
あおのり…小さじ2
塩…小さじ1/2

作り方

❶じゃがいもはよく洗い、皮付きのまま食べやすい大きさに切り、さっと水にさらして水気をきる。
❷フライパンにオリーブオイルとじゃがいもを入れて中火で熱する。
❸途中返しながらじっくり焼き、全体に焼き色がつき、竹串がすっと通るまでやわらかくなったら、あおのりと塩をふる。

memo

＊生から焼くのでじっくり焼く。オリーブオイルが足りなければ適宜足す。
＊火の通りが心配であれば、焼き目がついたあとに蓋をし、蒸し焼きにする。
＊山椒粉やカレー粉を使っても。オイスターソースと粗挽き胡椒を絡めるオイスターポテトもおすすめ。

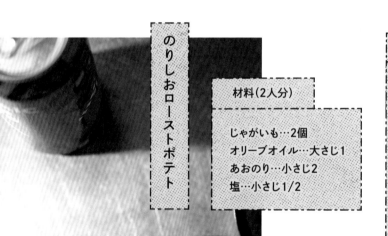

"APPETIZERS"
outdoor cooking

焼き鳥

串に刺して焼く作業も楽しい焼き鳥。
竹串は焦げやすいので金串を使うのがおすすめです。

作り方→54ページ

厚揚げのしょうが焼き

厚揚げはまんべんなくカリッと焼くのがコツ。しょうがをピリッと効かせて、さっぱりと仕上げます。

枝豆のスパイス炒め

食べ始めたら止まらない、クセになるピリ辛枝豆。絶対に喜ばれるビールのおともです。

野菜スティック&ディップいろいろ

箸休めにも喜ばれ、手間のかからないヘルシーおつまみ。野菜はビールなどと一緒に冷やしておきましょう。

作り方→55ページ

焼き鳥

材料（作りやすい分量）

鳩もも焼き

- 鶏もも肉、長ねぎ、パプリカ、しし唐辛子…各適量

ミニトマトの豚バラ焼き

- 豚バラ薄切り肉、ミニトマト…各適量

オリーブオイル、塩…各適量

作り方

❶鶏肉はペーパータオルで水気をふき、ひと口大に切る。長ねぎは2㎝長さに、パプリカは1㎝幅に切る。ししとうはヘタを取る。豚肉は半分の長さに切り、ミニトマトはヘタを取る。

❷串に刺す。鶏もも焼きは串に鶏肉、しし唐辛子、長ねぎ、鶏肉、パプリカの順に金串に刺す。ミニトマトの豚バラ焼きはミニトマトに豚バラ肉を巻き、金串に刺す。

❸グリルパン、またはフライパンにオリーブオイルを入れて中火で熱し、②を並べる。途中返しながらじっくり焼き、塩をふる。

枝豆のスパイス炒め

材料（2〜3人分）

枝豆（冷凍）…200g
にんにく…1片
しょうが…1片
米油、ごま油…各小さじ1と1/2
粗挽き胡椒…小さじ2
A しょうゆ…大さじ2
　きび砂糖…大さじ1/2
　豆板醤…小さじ1/2強

作り方

❶枝豆はさやの両端をキッチンバサミで切る。にんにくは薄切り、しょうがは皮をむいてせん切りにする。
❷フライパンに米油とごま油を入れて中火で熱し、にんにくとしょうがを炒める。
❸香りが立ったら枝豆を入れて炒め、油が回ったらAを加えて軽く煮詰めながら2〜3分炒める。火を止め、粗挽き胡椒をふる。

memo

*枝豆は冷凍のものが手軽で、保冷剤にもなって便利。または茹でたものを冷凍して持って行ってもよい。

*調理の際は解凍して水気をきってから使う。

*枝豆はさやの両端を切ることで、味の染み込みがよくなる。

厚揚げのしょうが焼き

材料（2〜3人分）

厚揚げ…1枚
小ねぎ…1〜2本
しょうゆ、おろししょうが
　…各小さじ2
塩…少々

作り方

❶厚揚げは6等分に切る。小ねぎは小口切りにする。
❷フライパンを中火で熱し、厚揚げを並べてじっくり全面を焼く。
❸厚揚げから油が出てきて、すべての面がカリッと焼けたらしょうゆとおろししょうがを加えて絡めながら味をなじまる。
❹皿に盛り、小ねぎをのせて塩をふる。

野菜スティック＆ディップいろいろ

材料（2〜3人分）

きゅうり…1本、
かぶ、みょうが…各1個
にんじん…1/2本
味噌マヨディップ（8ページ）、
　柚子胡椒ディップ（8ページ）、
　しょうゆ麹ヨーグルトディップ（9ページ）
　…各適量

BEER

作り方

きゅうり、かぶ、みょうが、にんじんは食べやすく切り、ディップを添える。

memo

*野菜はセロリ、ラディッシュ、大根、パプリカなど好きなもので。

*スティック状に切って持って行くと乾きやすいので、食べるときに切るのがおすすめ。

*16ページのサムジャンをつけてもおいしい。

アヒージョ

にんにくのよい香りが移ったオイルは、ガーリックトーストや、パスタに使っても楽しめます。

材料(2〜3人分)

マッシュルーム…1パック
ベーコン(ブロック)…60g
にんにく…1片
オリーブ(ブラック、グリーン)…各5〜6個
ローズマリー…1本
オリーブオイル…適量

作り方

❶マッシュルームはペーパータオルで汚れをふき、あれば石づきを切り落とす。ベーコンは拍子木切りにする。にんにくは包丁の腹でたたいてつぶす。
❷鍋に①、オリーブ、ローズマリーを入れ、オリーブオイルをひたひたに注ぎ、弱火でベーコンが色づくまで加熱する。

memo

＊きのこ類は水洗いしなくてよいので、キャンプで便利な食材のひとつ。ペーパータオルで軽くふいて調理する。
＊ベーコンとオリーブの塩気があるので、味付けは不要。

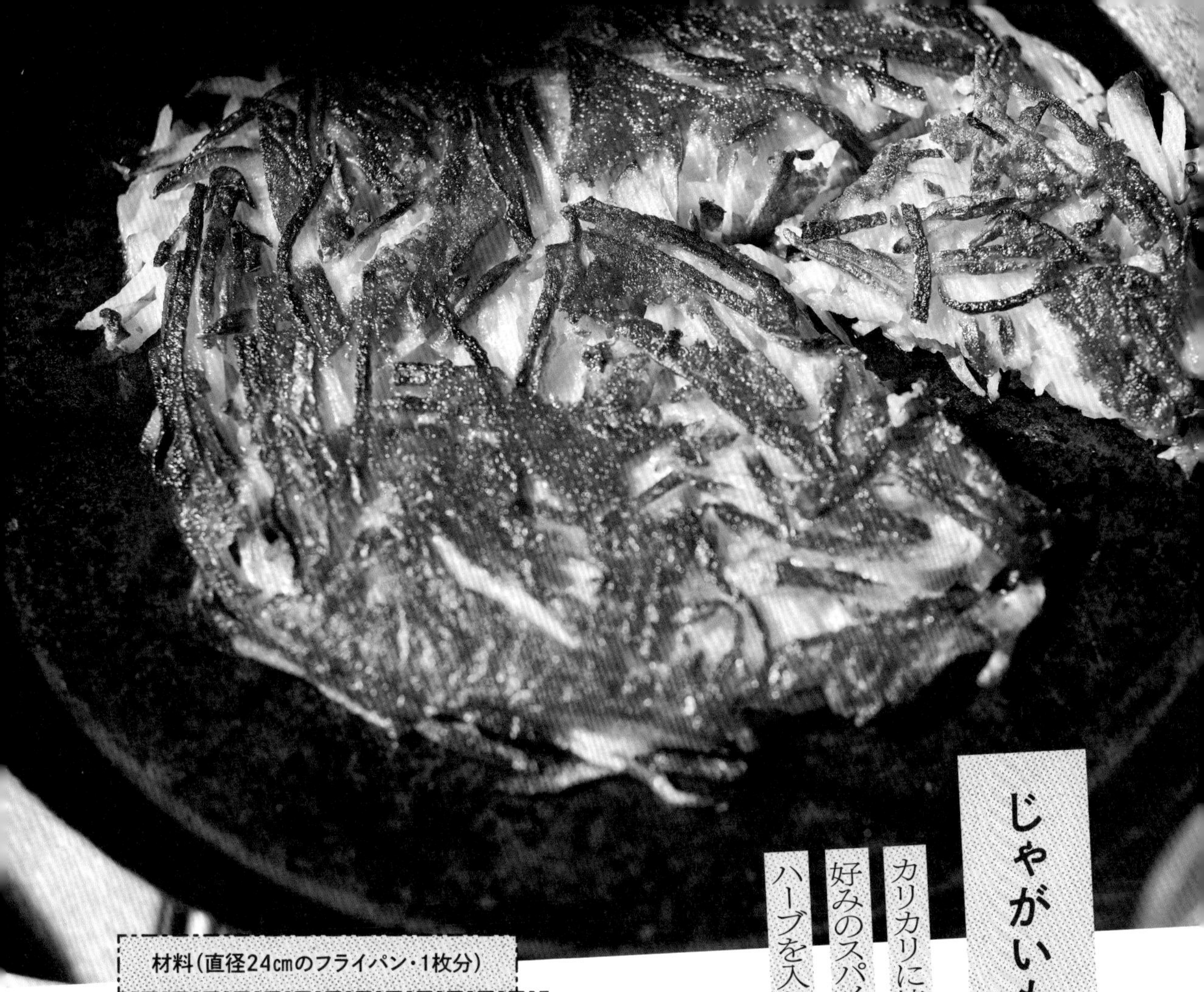

じゃがいものガレット

カリカリに焼いたじゃがいものガレット。
好みのスパイスを混ぜたり、
ハーブを入れて楽しんでも。

材料(直径24㎝のフライパン・1枚分)

じゃがいも…2個
シュレッドチーズ…60g
塩…小さじ1/4
オリーブオイル…大さじ2

作り方

❶じゃがいもはよく洗い、皮付きのまません切りにする。
❷ボウルに①、シュレッドチーズ、塩を入れて混ぜる。
❸フライパンにオリーブオイルを入れて中弱火で熱する。十分に温まったら、②を入れ、丸く成形してじっくり焼く。
❹3分ほどしたら返し、フライ返しでときどきギュッと押すようにしてさらに5分焼く。焼き色が薄ければ、中火にしてさらに焼く。

memo

*じゃがいものデンプン質でくっつくが、薄力粉と水各大さじ1程度を入れてよく混ぜてから焼くと、まとまりやすくて返すのも簡単。

*好みのドライハーブ小さじ1/8、またはクミンシード小さじ1/4を入れたり、カレー粉小さじ2〜3でアレンジしてもおいしい。

*小さめのフライパンで焼く場合は、厚みが出るので、その分じっくり焼いて火を通す。

スモークサーモンのカルパッチョ

生ハム同様に加工されたスモークサーモンは、傷みにくくてキャンプ向き。ケーパー、ディルとミントでアクセントを。

材料（2〜3人分）

スモークサーモン…120g
紫玉ねぎ、ケーパー、ディル、
　スペアミント、…各適量
オリーブオイル、白バルサミコ酢
　（またはりんご酢、白ワインビネガー）
　…各大さじ1
塩…ひとつまみ

作り方

❶紫玉ねぎは薄切りにして水にさらし、水気をきる。
❷皿に紫玉ねぎをのせて塩をふり、スモークサーモンを盛る。ケーパー、手でちぎったディルとスペアミントを散らし、オリーブオイルと白バルサミコ酢を回しかける。

memo

*白バルサミコ酢は甘みがあり、マイルド。りんご酢や白ワインビネガーを使っても。

焼きカマンベール

材料（2〜3人分）

カマンベールチーズ…1個
クラッカー…適量

作り方

厚手のフライパンを中火にかけて温め、カマンベールチーズをのせる。こんがりするまで焼いたら返して同様に焼き、チーズがやわらかくなったらクラッカーにのせて食べる。

memo

＊粗挽き胡椒や山椒粉をふったり、メイプルシロップをかけて甘くしても。

チーズが溶けにくい場合は
蓋をして加熱を。
とろ〜り溶けたら、
クラッカーにたっぷりオン。

きのこのオイルコンフィ

そのまま食べるのはもちろん、
サラダやパスタ、
ブルスケッタもおすすめ。

ブルーチーズとはちみつ、くるみの春巻きの皮の重ねピザ

パリッと軽い食感に
ブルーチーズ、はちみつ、ナッツの
最強トリオのワインつまみ。

作り方→62ページ

ブロッコリーのアンチョビ炒め

アンチョビの香りと塩気は
どんな野菜もおいしくします。
キャベツや青菜、じゃがいもなど、
家にあるものでアレンジを。

焼きかぶのローズマリーマリネ

ローズマリーの香りを移した
かぶを甘酸っぱくいただきます。
シンプルな味付けの焼き野菜が
ワインに合います。

作り方→63ページ

きのこのオイルコンフィ

材料(3〜4人分)

エリンギ…2本
しいたけ…4枚
しめじ、えのきだけ…各1パック
にんにく…1片
タイム…2〜3本
オリーブオイル…適量
塩…小さじ1

作り方

❶きのこ類はあれば石づきを切り落とし、食べやすい大きさに切る。にんにくは包丁の腹でたたいてつぶす。
❷鍋にエリンギ、にんにくとタイム、しいたけ、しめじ、えのきだけの順に重ねる。オリーブオイルをきのこの高さ1/3程度まで注ぎ、ごく弱火で熱する。
❸途中上下を入れ替えるように混ぜながら、すべてのきのこがオイルに浸るまでじっくり加熱したら、火を止め、塩を加えて混ぜる。

memo

*ごく弱火でじっくり加熱し、きのこの旨みを引き出す。

ブルーチーズとはちみつ、くるみの春巻きの皮の重ねピザ

材料(1枚分)

春巻きの皮…2枚
シュレッドチーズ…50g
ブルーチーズ…15g
オリーブオイル…小さじ2
くるみ(ロースト)…4〜5粒
はちみつ、粗挽き胡椒…各適量

作り方

❶フライパンにオリーブオイルを入れ、春巻きの皮1枚をのせ、シュレッドチーズ1/4量を散らす。もう1枚皮をずらしてのせ、残りのシュレッドチーズをのせる。小さく手でちぎったブルーチーズを散らして蓋をし、中弱火で7分ほど焼く。
❷チーズが溶けて皮の周りがカリッと色づいたら、砕いたくるみをのせ、はちみつを回しかけ、粗挽き胡椒をふる。

memo

*皮と皮の間のシュレッドチーズは、2枚がはがれないようにするのりなので、少量でok。

*皮をずらして重ねることで、皮の周りがパリッとした食感に。

*トマトソース、モッツァレラチーズ、バジルでマルゲリータ風にしたり、サラミやピーマンなどをのせて作っても。具材は、火通りのよいものや、火を通さなくても食べられるものがおすすめ。

ブロッコリーのアンチョビ炒め

材料(2〜3人分)

ブロッコリー…1/2株
アンチョビ…3〜4枚
オリーブ(ブラック)…8個
オリーブオイル…大さじ1

作り方

❶ブロッコリーは小さめの小房に分ける。茎はかたい皮をむき、乱切りにする。
❷フライパンにオリーブオイルを入れ、中弱火で熱する。ブロッコリーを3分ほど炒め、アンチョビとオリーブを加える。アンチョビをヘラでつぶしながらブロッコリーに絡ませ、さらに2分炒める。

memo

＊ブロッコリーは生から炒めるので小さく切る。また火の通りが均一になるよう、大きさを揃える。
＊アンチョビはブロッコリーに絡みやすいようにつぶすのがポイント。

焼きかぶのローズマリーマリネ

材料(2〜3人分)

かぶ…2〜3個
ローズマリー…1本
オリーブオイル…大さじ1
白バルサミコ酢(またはりんご酢、白ワインビネガー)…大さじ1/2
はちみつ…小さじ1/2〜1
塩…適量

作り方

❶かぶは茎を1cm残して皮付きのまま6等分のくし形切りにする。ローズマリーは2〜3等分に切る。ボウルに白バルサミコ酢とはちみつを入れて混ぜる。
❷フライパンにオリーブオイルとローズマリーを入れて弱火で熱する。香りが立ったら、かぶの切り口を下にして並べる。中火にしてかぶに焼き目がつくまで焼いたら塩をふり、ローズマリーとオリーブオイルも一緒に①のボウルに入れる。さっと絡め、10分ほど味をなじませる。

SAKE

ゴーヤとツナの梅おかか和え

梅の酸味、削り節、ゴーヤで
さっぱりといただける一品。
さっと作れる和え物は
キャンプごはんの味方です。

はまぐりと菜の花の酒蒸し

旬の食材を合わせた爽やかな一品。
キャンプでも旬の野菜を
どんどん活用するとさらにおいしい。

作り方→66ページ

セロリと塩昆布の即席漬け

塩昆布があれば、
味も簡単に決まります。
にんじんのせん切り、
キャベツのざく切りでアレンジしても。

アボカドとたこの薬味和え

たこは冷凍して
持って行くのがおすすめ。
アボカドとわさびしょうゆが
日本酒によく合います。

作り方→67ページ

ゴーヤとツナの梅おかか和え

材料(2～3人分)

ゴーヤ…1/2本
ツナ缶(ノンオイル)…1缶
梅干し…1個
削り節…たっぷり
青じそ…3～4枚

作り方

❶ゴーヤは縦半分に切り、スプーンで種とワタを取って薄切りにする。ツナは水気を軽くきる。梅干しは種を取って包丁でたたく。
❷ボウルに①を入れて軽く混ぜ、手でちぎった青じそと削り節を加えてさっと和える。

はまぐりと菜の花の酒蒸し

材料(2～3人分)

はまぐり…10個(約500g)
菜の花…1/2束
酒…1/4カップ
オリーブオイル…適量

下準備

*はまぐりは砂抜きして密閉袋に入れ、冷凍しておく。

作り方

❶フライパンにはまぐり、半分に切った菜の花、酒を入れて蓋をし、強火にかける。
❷ときどきフライパンを揺すりながら加熱し、はまぐりの口がすべて開いたら火を止めてオリーブオイルを回しかける。

memo

*冷凍したはまぐりは保冷剤にもなり、傷まず安心。調理の際は凍ったまま加熱する。

セロリと塩昆布の即席漬け

材料（2〜3人分）

セロリ…1/2本
塩昆布…20g
炒りごま、酢…各小さじ1

作り方

❶セロリは筋を取って斜め薄切りにし、葉はざく切りにする。
❷ボウルに①、塩昆布、炒りごま、酢を入れて混ぜ、5分ほど置いて味をなじませる。

アボカドとたこの薬味和え

材料（2〜3人分）

たこ（ボイル）…100g
アボカド…1個
みょうが…1本
小ねぎ…1〜2本
レモン汁…小さじ2
A｜しょうゆ…小さじ1と1/2
　｜わさび…小さじ1
オリーブオイル…小さじ1〜2

作り方

❶たこはひと口大に切る。みょうがは縦半分にしてから斜め薄切りにし、小ねぎは小口切りにする。アボカドは種と皮を除き、ボウルに入れてフォークで粗くつぶす。
❷アボカドにレモン汁をかけ、Aを加えて混ぜる。
❸たこを加えてさっと混ぜたら、みょうが、小ねぎ、オリーブオイルを加えて和える。

memo

*たこを冷凍して持って行く場合は、自然解凍して水気をふいてから使う。
*薬味を加えたらあまり混ぜ過ぎないほうが薬味の香りを楽しめる。

"RICE & NOODLE"

outdoor cooking

なすとズッキーニのスパイスキーマカレー

キャンプごはんの定番、カレーはスパイスで本格キーマに。
スパイスはあらかじめ合わせて持って行くと便利です。

材料(4人分)

豚挽き肉…150g
なす、ズッキーニ…各1本
玉ねぎ…1個
トマト…2個
おろしにんにく、おろししょうが
　…各大さじ1
ホールスパイス
　コリアンダー…小さじ2
　クミンシード…小さじ1
パウダースパイス
　コリアンダー…大さじ1
　ターメリック、クローブ、
　　レッドペッパー…各小さじ1
塩…小さじ1と1/2
米油…大さじ2
ごはん…適量

作り方

❶なすとズッキーニは1cm幅の輪切りにする。玉ねぎは薄切りにし、トマトはヘタを取って1cm角に切る。
❷鍋に米油とホールスパイスを入れて弱火で熱する。油がフツフツとして香りが立ってきたら玉ねぎ、おろしにんにく、おろししょうがを加えて炒める。ときどき混ぜながら玉ねぎがきつね色になるまで炒める。
❸挽き肉を加えてポロポロになるまで炒めたら、なすとズッキーニを加えて炒める。
❹全体に油が回ったらパウダースパイスと塩を入れて炒め合わせ、スパイスの香りが十分にしてきたら角切りにしたトマトと水1と1/2カップを加える。ひと煮立ちしたら中弱火にして15分ほど煮る。味を見て、足りなければ塩適量(分量外)で味を調える。
❺皿にごはんを盛り、④をかける。

memo

＊スパイスで作るカレーは、まずはホールスパイスの香りを油にじっくりと移し、パウダースパイスを炒めて香りを立たせる。。
＊お子さんと一緒に食べる場合は、レッドペッパーは入れなくても。

ガパオライス、フライドエッグのせ

メスティンでのごはんの炊き方

材料（2合分）

米…2合
水…2カップ

作り方

❶米は研いで30分ほど浸水させ、ザルに上げて水気をきる。
❷メスティンに米と水を入れて蓋をし、中火にかける。
❸蓋のふちから蒸気が出て、吹きこぼれそうになったら弱火にして10〜11分炊く。
❹火から下ろし、ふきんやタオルで包み、逆さまにして10分蒸らす。

memo

*米1合に対し、水加減は1カップが目安。

*逆さまにして蒸らすことで水気が全体に行き渡り、ふっくらとおいしく炊き上がる。また冷めないよう、布で保温するのがポイント。

挽き肉は豚挽き、合い挽きでも。
バジルたっぷりのガパオと
フライドエッグは最高の〆になります。

材料(4人分)

鶏挽き肉…320g
卵…4個
玉ねぎ、パプリカ…各1/4個
ピーマン…2個
にんにく…1～2片
青唐辛子…1/2～1本
バジル…2パック
A ｜ナンプラー、オイスターソース
　｜　…各大さじ2
　｜きび砂糖…小さじ2
米油、ごはん…各適量
香菜…適宜

作り方

❶玉ねぎとにんにくはみじん切りにする。パプリカとピーマンは種とワタを取り、5㎜幅に切る。青唐辛子は小口切りにする。
❷フライパンに米油大さじ2を入れて弱火で熱し、玉ねぎ、にんにく、青唐辛子を炒める。
❸香りが立ったら、中火にして挽き肉を加えてポロポロになるまで炒める。
❹パプリカ、ピーマン、A、水1/4カップを加えて汁気を飛ばすように2～3分炒めたら、手でちぎったバジルを加えてさっと混ぜて火を止める。
❺フライドエッグを作る。フライパンに米油大さじ1を入れて中火で熱する。十分に温まったら、卵1個を静かに割り入れ、周りがカリッとするまで焼く。油が足りなければ適宜足し、残りも同様に焼く。
❻皿にごはんとガパオを盛り、フライドエッグをのせる。好みで香菜をちぎってのせる。

memo

*青唐辛子は好みで量を加減する。辛いのが好きな場合は、1～2本(分量外)を刻んで別皿に入れて添えても。

*たけのこを加えてもおいしい。

さつまいもの炊き込みごはん

ホクホク甘いさつまいもに、
みょうがとごまのアクセント。
残ったごはんはおにぎりにして
翌日の朝ごはんに。

作り方→74ページ

クレソンとベーコンの黒胡椒炊き込みごはん

ベーコンの塩気と旨み、クレソンの苦みが好相性。
お腹いっぱいでも食べてしまう胡椒が効いた炊き込みごはんです。

作り方→74ページ

さつまいもの炊き込みごはん

材料(3〜4人分)

米…2合
さつまいも…300g
みょうが…2個
炒りごま、酒、しょうゆ
…各小さじ2
塩…小さじ1/4

作り方

❶米は研いで30ほど浸水させ、ザルに上げて水気をきる。
❷さつまいもはよく洗い、皮付きのまま1.5〜2cm角に切り、水にさっとさらして水気をきる。みょうがは縦半分に切り、薄切りにする。
❸鍋に米、酒、しょうゆ、水2カップを入れてひと混ぜしたら平らにならし、さつまいもをのせて塩をふって蓋をする。
❹中火にかけ、蓋のふちから蒸気が出て、吹きこぼれそうになったら弱火にして10〜11分炊く。火を止め、そのまま10分蒸らす。
❺炊き上がったごはんにみょうがと炒りごまを散らす。

memo

*メスティンで炊く場合は、布で包み、逆さまにして蒸らす。

クレソンとベーコンの黒胡椒炊き込みごはん

材料(3〜4人分)

米…2合
ベーコン(ブロック)…150g
クレソン…1束
バター…10g
A　しょうゆ…大さじ1と1/2
　　酒…大さじ1
　　柚子胡椒、粗挽き胡椒
　　…各小さじ1/2

作り方

❶米は研いで30分ほど浸水させ、ザルに上げて水気をきる。
❷ベーコンは拍子木切りにし、クレソンは2cm幅に切る。
❸鍋にベーコンとバターを入れて弱火で熱し、色づくまで炒める。
❹米、A、水1と3/4カップを加えて全体をよく混ぜたら平らにならし、蓋をする。
❺中火にかけ、蓋のふちから蒸気が出て、吹きこぼれそうになったら弱火にして10〜11分炊く。火を止め、そのまま10分蒸らす。
❻炊き上がったら、クレソンを混ぜる。

memo

*メスティンで炊く場合は、布で包み、逆さまにして蒸らす。
*ベーコンはだしと塩気の役割もする。

きのこの炊き込みごはん

数種類のきのこを使った香り高い炊き込みごはん。
仕上げにかぼすを搾ったり、三つ葉や木の芽を添えても。

作り方→76ページ

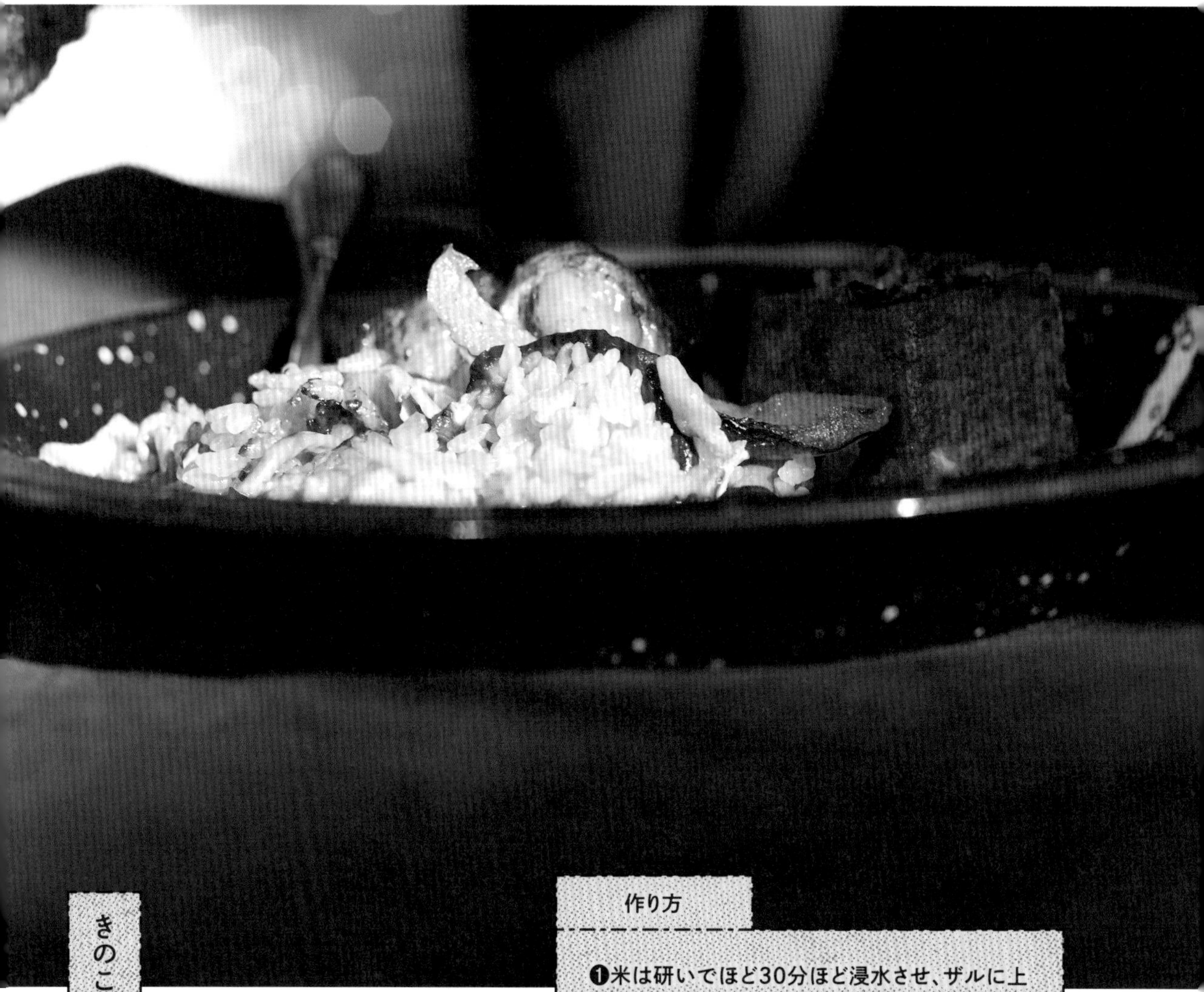

きのこの炊き込みごはん

材料(3～4人分)

米…2合
しめじ、まいたけ…各1パック
しいたけ…2枚
油揚げ…1枚
A｜しょうゆ、みりん
　｜…各大さじ1
B｜酒、しょうゆ…各大さじ1

作り方

❶米は研いでほど30分ほど浸水させ、ザルに上げて水気をきる。
❷しめじは石づきを切り落としてほぐし、まいたけは手でほぐす。しいたけは石づきを切り落としてカサは5㎜幅、軸は薄切りにする。油揚げは縦半分に切り、5㎜幅に切る。
❸ボウルに②とAを入れて下味をつける。
❹鍋に米、B、水1と1/2カップを入れてひと混ぜしたら米を平らにならし、③を下味ごとのせて蓋をする。
❺中火にかけ、蓋のふちから蒸気が出て、吹きこぼれそうになったら弱火にして10～11分炊く。火を止め、そのまま10分蒸らす。

memo

*メスティンで炊く場合は、布で包み、逆さまにして蒸らす。
*きのこ類は炊く前に下味をつけるのがポイント。
*炊き込みごはんのときは油揚げの油抜きは不要。油揚げの油分がだし代わりになる。

芽キャベツとベーコンのパスタ

キャンプパスタは〝炒め→茹で〟をひと鍋で。
パスタの茹で時間は表示を目安に、かたいようなら水を適宜足し、
ときどき混ぜながら好みの茹で加減にするのがポイント。

作り方→78ページ

芽キャベツとベーコンのパスタ

材料(1人分)

ショートパスタ(フジッリ)
　…60g
芽キャベツ…4個
ベーコン(スライス)…2枚
オリーブ(ブラック)…8粒
オリーブオイル…大さじ1
塩…ひとつまみ
パルミジャーノ・レッジャーノ
　…適宜

作り方

❶芽キャベツは半分に切る。ベーコンは細切りにする。
❷メスティンまたはフライパンにオリーブオイルとベーコンを入れて中火で熱し、ベーコンから脂が出てきたら芽キャベツを加えて1〜2分焼きつける。
❸水1と1/2カップと塩を加えて沸騰したら、ショートパスタとオリーブを加えて蓋をし、ときどき混ぜながら茹でる。
❹水気が足りなければ適宜足し、混ぜながら好みの茹で加減に茹でる。仕上げに好みで削ったパルミジャーノ・レッジャーノをふる。

memo

*ショートパスタはフジッリのほか、ファルファッレやペンネでも。
*芽キャベツを手でちぎったキャベツ2〜3枚に置き換えても。

アンチョビトマトソースのパスタ

缶詰のトマトとアンチョビで
シンプルでもおいしい缶詰パスタ。
ロングパスタは半分に折ると
火が通りやすくなります。

材料（1人分）

パスタ（リングイネ）…90〜100g
アンチョビ…2枚
にんにく…1/2片
オリーブオイル…大さじ1
トマト水煮缶（ホール）…1/2缶
塩…ひとつまみ
粗挽き胡椒…適宜

作り方

❶にんにくはみじん切りにする。
❷メスティンまたはフライパンににんにくとオリーブオイルを入れて弱火で熱する。
❸香りが立ったら、火を止めてアンチョビを加えてヘラでつぶす。トマト、塩、水1カップを入れて中火にかけ、沸騰したら半分に折ったパスタを加えて蓋をし、ときどき混ぜながら茹でる。
❹水気が足りなければ適宜足し、パスタにソースを絡めながら好みの茹で加減まで茹で、仕上げに好みで粗挽き胡椒をふる。

memo

*濃厚なトマトソースには、少し太めのリングイネがおすすめ。
*仕上げにチーズ、オリーブオイル、パセリのみじん切りなどを加えても。

サバ缶と青じその梅風味パスタ

青じそとごまをたっぷり
効かせた和風のサバパスタ。
みょうがや貝割れ大根など、
好みの香味野菜でアレンジを。

材料（1人分）

パスタ（スパゲッティーニ）…90〜100g
サバ缶（水煮）…1/2缶
梅干し…1個
青じそ…10枚
炒りごま…小さじ1
オリーブオイル…大さじ1
塩…ひとつまみ

作り方

❶メスティンまたはフライパンにオリーブオイルを入れて中火で熱する。サバ（缶の汁は取り置く）を軽く炒めたら火を止め、種を除いた梅干しを加えてヘラでつぶし、水1と1/2カップと塩、缶の汁を加える。沸騰したら半分に折ったパスタを加えて蓋をし、ときどき混ぜながら茹でる。
❷水気が足りなければ適宜足し、パスタにソースを絡めながら好みの茹で加減まで茹でる。
❸皿に青じそ5枚を敷いてパスタを盛り、残りの青じそをちぎってのせ、炒りごまをふる。

海老とトマトのナンプラー焼きそば

海老は冷凍して持って行くと、傷みにくくて安心です。
トマトの酸味とナンプラーでエスニックな味付けに。

作り方

❶小松菜は根元を切り落とし、4㎝幅に切る。ミニトマトはヘタを取る。
蒸し麺はボウルに入れ、熱湯をかけてほぐして水気をきる。
❷フライパンに米油を入れて中火で熱し、むき海老と小松菜を炒める。
❸全体に油が回ったらミニトマト、酒、ナンプラー、水を加えて炒める。
アルコール分が飛んだら蒸し麺を加えて1〜2分炒め合わせる。

材料（1人分）

むき海老…100g
小松菜…2株
ミニトマト…5個
蒸し麺（太麺）…1袋
米油…小さじ2
酒、ナンプラー、水…各大さじ1

memo

*むき海老を冷凍して持って行く場合は、自然解凍して水気をふいてから使う。
*ナンプラーを塩小さじ1/3やしょうゆ小さじ2に置き換えても。
*小松菜のほか、青梗菜や水菜などもおすすめ。
*蒸し麺に熱湯をかけてほぐすことで、余分な油が落ちて調味料とよくなじむ。

挽き肉とにらの黒胡椒焼きそば

ピリッと粗挽き胡椒を効かせた焼きそば。
少しの酢がコクを加えます。

材料（1人分）

豚挽き肉…80g
にら…1/2束
もやし…1/2袋
しょうが…1片
蒸し麺（太麺）…1袋
米油…小さじ2
A 酒、オイスターソース…各大さじ1
　酢、しょうゆ、粗挽き胡椒…各小さじ1

作り方

❶にらは5〜6㎜幅に切る。しょうがはせん切りにする。蒸し麺はボウルに入れ、熱湯をかけてほぐして水気をきる。
❷フライパンに米油を入れて中火で熱し、挽き肉としょうがを炒める。挽き肉がポロポロになったらAを加えてひと混ぜし、もやしと蒸し麺を加えて炒め合わせる。
❸蒸し麺がほぐれ、全体に調味料がなじんだらにらを加え、1分ほど炒め合わせる。

memo

*蒸し麺に熱湯をかけてほぐすことで、余分な油が落ちて調味料とよくなじむ。

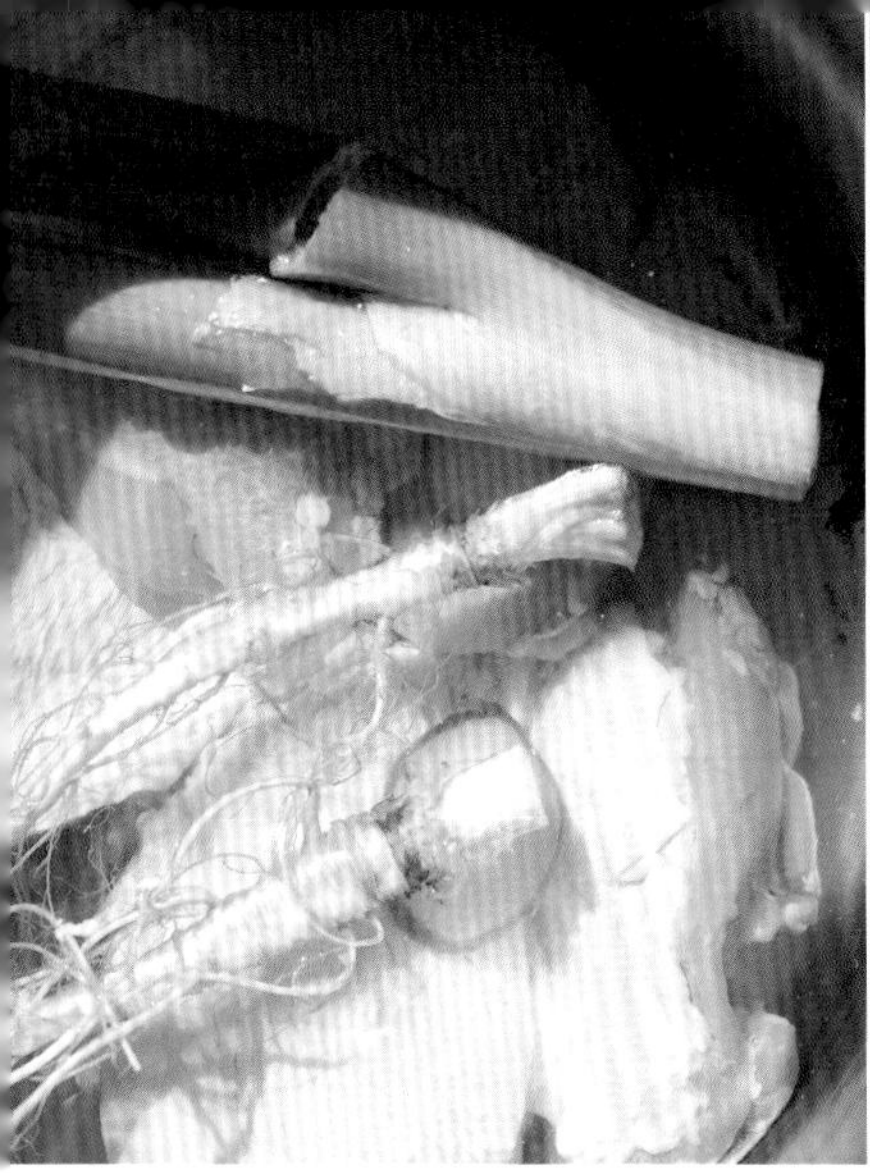

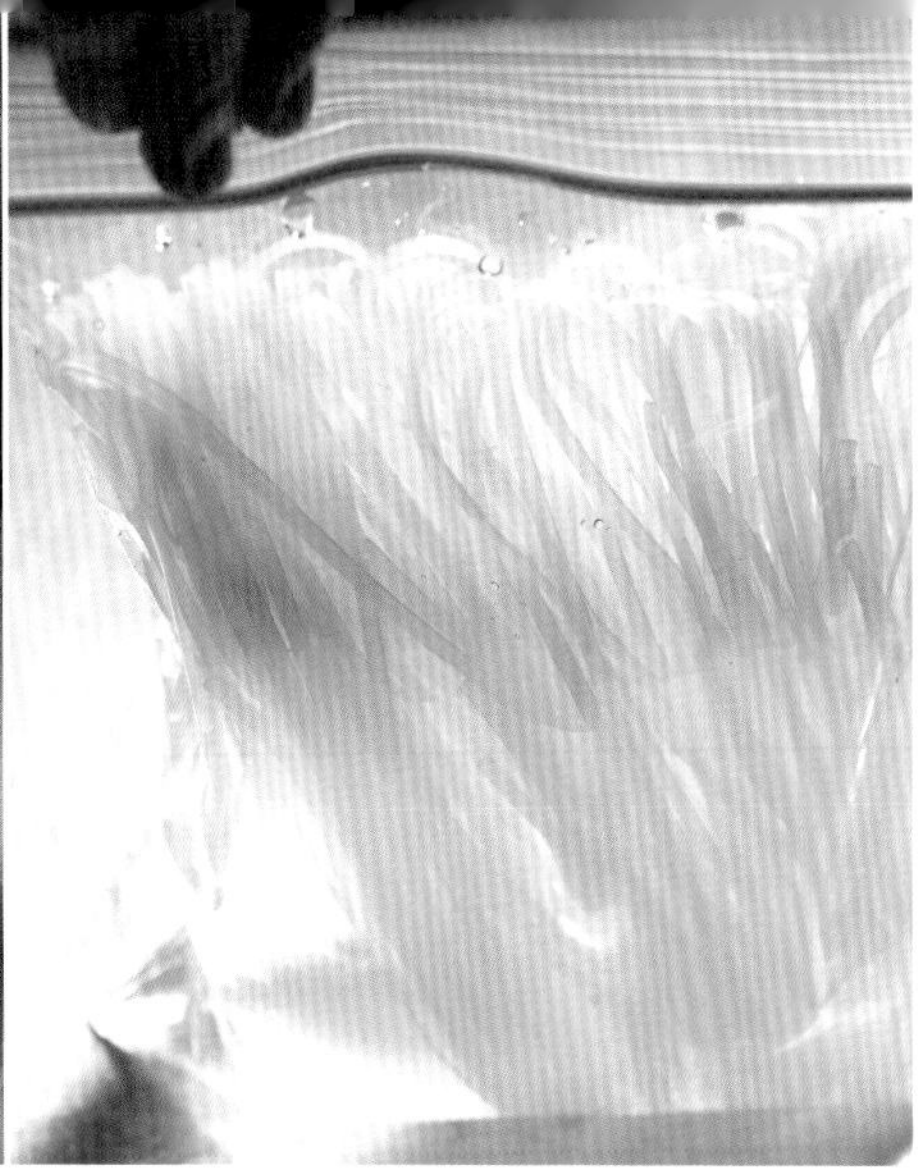

フォー・ガー

材料(3〜4人分)

鶏もも肉…1枚
長ねぎ(青い部分)…1本
香菜の根…2本分
しょうがの薄切り(皮付き)…2枚
もやし…1/2袋
フォー(乾燥)…120g
酒、ナンプラー…各大さじ1
塩…小さじ1/2
トマトの角切り、香菜、ミント、
　ライム…各適量

作り方

❶鶏肉はペーパータオルで水気をふいて余分な脂を除き、半分に切る。香菜の根と長ねぎは包丁の腹でつぶす。
❷鍋に①、しょうが、酒、塩、水3カップを入れて強火にかける。沸騰したらアクを取り、弱火にして30分ほど煮る。香菜の根、ねぎ、しょうがを取り出す。
❸フォーはさっとすすぎ、水に30分ほど浸けておく。もやしはひげ根を取ってザルに入れて熱湯を回しかける。茹で鶏は食べやすい大きさに切る。
❹スープを沸かし、フォーを加えてやわらかくなるまで茹で、ナンプラーで味を調える。
❺器によそい、茹で鶏、もやし、トマト、香菜、ミント、ライムをトッピングして食べる。

memo

*鶏の皮から出る脂はとてもおいしいので、アクを取るときに透明の脂は取らないように気をつける。

*茹で鶏はすぐに食べないときはスープにつけたままにしておくと、よりしっとり仕上がる。

*鶏肉の茹で汁は野菜などを入れて調味すればスープとしても楽しめ、茹で鶏はサラダや和え物、サンドイッチにと活用できる。

*米を茹で汁で炊き、茹で鶏をのせ、香菜や好みのタレを添えれば、海南鶏飯にも。

*フォーは密閉袋に入れて水に浸けておくと、芯までやわらかく、もっちり茹で上がる。

鶏肉の旨みが詰まったスープはシンプルな味付けで。
色んなトッピングを準備して、好みのフォー・ガーに。

"SOUP"
outdoor cooking

カリフラワーとシーフードの豆乳スープ

豆乳でクラムチャウダー風スープに。
シーフードミックスはたっぷり加えて香り豊かに。

材料（3〜4人分）

カリフラワー、玉ねぎ…各1/2個
シーフードミックス（冷凍）…200g
豆乳（無調整）…1カップ
白ワイン…大さじ2
オリーブオイル、味噌…各大さじ1
バター…10g
塩…小さじ1

作り方

❶カリフラワーは小房に分け、食べやすい大きさに切る。玉ねぎは薄切りにする。シーフードミックスは解凍して水気をきる。
❷鍋にオリーブオイルを入れて中火で熱する。玉ねぎを炒め、しんなりしたらカリフラワーと塩を加えて炒める。全体に油が回ったらシーフードミックスと白ワインを加えて5〜6分炒める。
❸アルコール分が飛んだら水2カップを加えて強火にする。ひと煮立ちしたら弱火にし、カリフラワーがやわらかくなるまで煮る。味噌を溶かし入れ、豆乳を加えて温めたら、仕上げにバターを溶かす。
❹器によそい、好みでオリーブオイル適量（分量外）を回しかける。

memo

*冷凍シーフードは白ワインで臭みを飛ばす。
*豆乳のさっぱりとしたスープも、味噌と少しのバターでコクのある仕上がりに。
*豆乳は煮立てると成分が分離するので、強火でグラグラと煮ないように注意。

アレンジ

カリフラワーとシーフードの豆乳スープで
“チーズリゾット”

残った豆乳スープにシュレッドチーズと
ごはんを加えてリゾットに。
翌日の朝ごはんにも喜ばれます。

材料（作りやすい材料）
カリフラワーとシーフードの豆乳スープ、ごはん、シュレッドチーズ、オリーブオイル、パセリのみじん切り…各適量

作り方
豆乳スープを温め、必要なら豆乳または水（分量外）を適宜足し、ごはん、シュレッドチーズを加えて混ぜる。チーズが溶けたら、オリーブオイルを回しかけてパセリをふる。

根菜のポトフ

根菜たっぷりの滋味深いポトフ。
ウインナーとベーコンでしっかりだしが出ます。

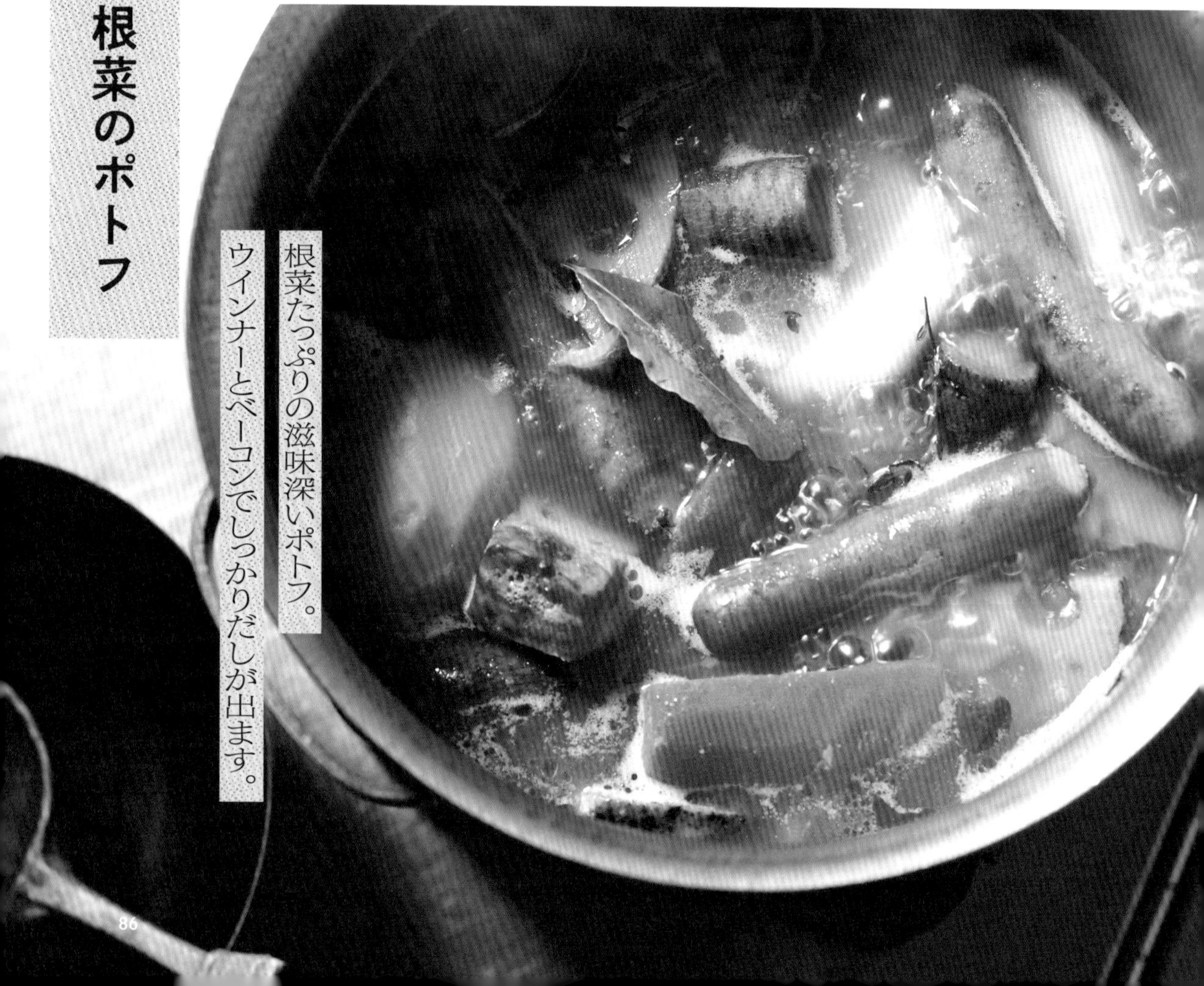

材料（3〜4人分）

ベーコン（ブロック）…100g
ウインナー…4本
じゃがいも…小2個
玉ねぎ…1/2個
にんじん…1/2本
れんこん…50g
ごぼう…1/2本
オリーブオイル…小さじ2
塩…小さじ1/2
ローリエ…1
タイム…3〜4本

作り方

❶じゃがいもは皮をむいて半分に切る。玉ねぎは2㎝幅のくし形切りにし、にんじん、れんこん、ごぼうは皮付きのまま食べやすい大きさに切る。ベーコンは4等分に切る。
❷鍋にオリーブオイルを入れて中弱火で熱する。ベーコン、ウインナー、根菜類を入れ、野菜の香りが立つまで4〜5分炒める。
❸残りの材料と水3カップを加えて強火にする。ひと煮立ちしたら中弱火にして野菜がやわらかくなるまで20分ほど煮る。味を見て、塩適量（分量外）で味を調える。器によそい、好みでオリーブオイル適量（分量外）を回しかける。

memo

*残っている野菜の消費にもおすすめ。香りのよいセロリを入れたり、かぶや大根、キャベツや白菜など、好きな野菜でアレンジを。

*野菜はじっくり炒めることで旨みがアップする。

具だくさんのサワースープ

とろみをつけたスープはキャンプでも冷めにくい。
酸味のあるスープにふんわり卵でホッとする味に。

材料(3〜4人分)

豚こま切れ肉…80g
ロースハム(スライス)…3枚
卵…1個
絹ごし豆腐 …1/4丁
しいたけ…2枚
えのきだけ…1/3株
たけのこ(ボイル)…80g
しょうが…1片
紹興酒、片栗粉…各大さじ1
酢…大さじ3
A | 紹興酒、しょうゆ…各小さじ1
　| 白胡椒…少々
B | しょうゆ…大さじ1
　| 塩…小さじ1
ラー油…適宜

作り方

❶しいたけは石づきを切り落とし、カサは5㎜幅に、軸は薄切りにする。えのきだけは根元を切り落とし、3等分に切る。たけのこは食べやすい大きさの薄切りにする。しょうがは皮をむき、せん切りにする。豆腐は5㎜角の拍子木切りにする。豚肉とロースハムは5㎜幅に切り、豚肉はAで下味をつける。
❷鍋に水3カップと紹興酒を入れて強火にかける。ひと煮立ちしたら①を加え、再び煮立ったらアクを取り、中弱火にしてBを加えて5分ほど煮る。
❸片栗粉と水大さじ1よく混ぜて加え、とろみがついたら強火にしてフツフツしたところに溶いた卵を円を描くように回し入れる。
❹卵が浮いてきたら底のほうからひと混ぜして火を止め、酢を加えて混ぜる。器によそい、好みでラー油を垂らす。

memo

*酢は風味を生かすため、仕上げに加える。
*青梗菜や小松菜などの青菜を入れてもおいしい。

りんごとスパイスのホットワイン

最初に水で煮出して、スパイスの香りを引き出します。
甘めが好みの場合は、はちみつを多めに加えてください。

材料（2人分）

赤ワイン…1カップ
りんごの薄切り…1/8個分
シナモンスティック…1/2本
八角…1個
クローブ…2〜3粒
はちみつ…大さじ1

作り方

❶鍋に赤ワイン以外の材料と水1/2カップを入れて中火にかける。
❷煮立ったら弱火にして2〜3分煮て、スパイスの香りを十分に引き出す。赤ワインを加えて温まるまでゆっくり加熱する。

memo

*熱々はもちろん、冷めてもおいしい。

*オレンジの輪切りで作っても。柑橘類は長く煮出すと苦みが出るので、ワインと同じタイミングで加える。

ピーナッツスモア

香ばしくて甘いピーナッツバターが
溶け込んだマシュマロはぜひ熱々を。
ピーナッツバターは
チャンク入りでもなしでも好みのもので。

材料（2人分）

マシュマロ…80g
ミックスナッツ（有塩）…10g
ピーナッツバター（有塩）…大さじ2
塩…少々
クラッカー…適量

作り方

❶フライパンにオーブンシートを敷いてマシュマロを並べ、ピーナッツパターを散らしてのせる。
❷蓋をして中火にかけ、3〜4分加熱する。マシュマロが膨らんでやわらかくなり、ピーナッツバターが溶けたら火を止め、砕いたナッツを散らして塩をふる。クラッカーにディップしたり、サンドして食べる。

memo

＊今回はピーナッツバターで作ったが、定番のチョコレートにしても。
＊無塩のナッツを使う場合は、塩加減をやや多めに。

スパイスチョコレートフォンデュ

板チョコで作る、手軽なチョコレートフォンデュ。
スパイシーな胡椒がチョコレートによく合います。

作り方→92ページ

スパイスチョコレートフォンデュ

材料(作りやすい分量)

板チョコレート(ビター)…50g
豆乳(無調整)…1/4カップ
ピンクペッパー、粗挽き胡椒、
　いちご、チェリー、シャインマスカット、
　グリッシーニ(またはクラッカー)
　…各適量

作り方

❶小さく割った板チョコレートと豆乳を耐熱容器に入れて弱火にかけ、混ぜながら溶かす。
❷チョコレートが溶け、チョコレートと豆乳がしっかり混ざったらピンクペッパーと粗挽き胡椒をふり、フルーツやグリッシーニをディップして食べる。

memo

*ビターチョコレートと豆乳の割合は1:1。牛乳や生クリームで作る場合は、ビターチョコレートと牛乳(または生クリーム)の割合は2:1を目安に。

*長く加熱するとチョコレートの成分が分離するので加熱し過ぎに注意。

*残ったフォンデュは冷めるとスプレッド状になるので、パンに塗ったり、牛乳で割ってホットチョコレートにしても。

甘酒フレンチトースト、黒蜜きなこがけ

バゲットのほか、厚めの食パンで作っても。
甘酒の優しい甘みの和風フレンチトーストです。

材料(4人分)

バゲット…小1本
甘酒(ペースト)…1カップ
卵…1個
バター…15g
黒蜜、きなこ…各適量

作り方

❶バゲットは縦半分に切り、適当な長さに切る。
❷密閉袋に甘酒と卵を入れてよく混ぜ、①を加えてクーラーボックスに3時間以上置く。
❸フライパンにバターを入れ、弱火で熱する。バゲットをじっくりと焼き目をつけながら焼く。皿に盛り、黒蜜ときなこをかける。

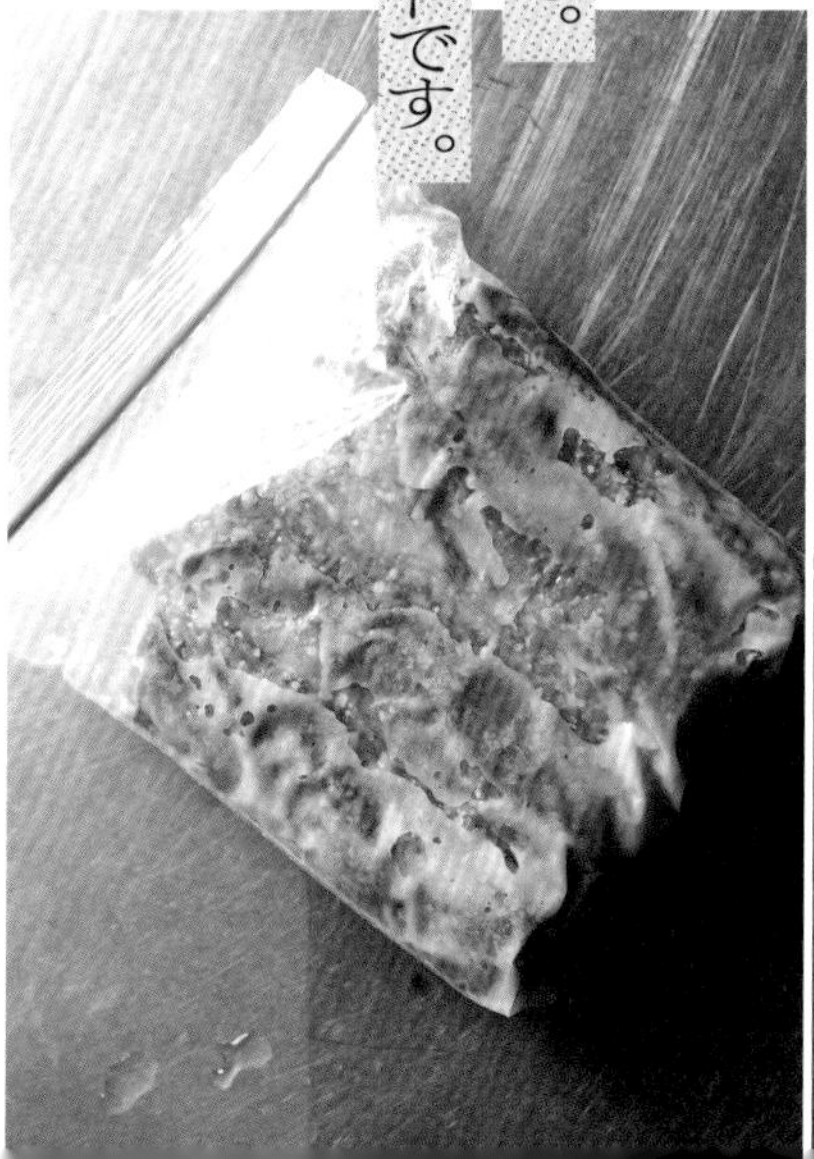

memo

*メイプルシロップやはちみつでもおいしい。
*甘酒は粒の少ないペースト状のもので、さらりとしたドリンクタイプを使用。

大人の焼きバナナ

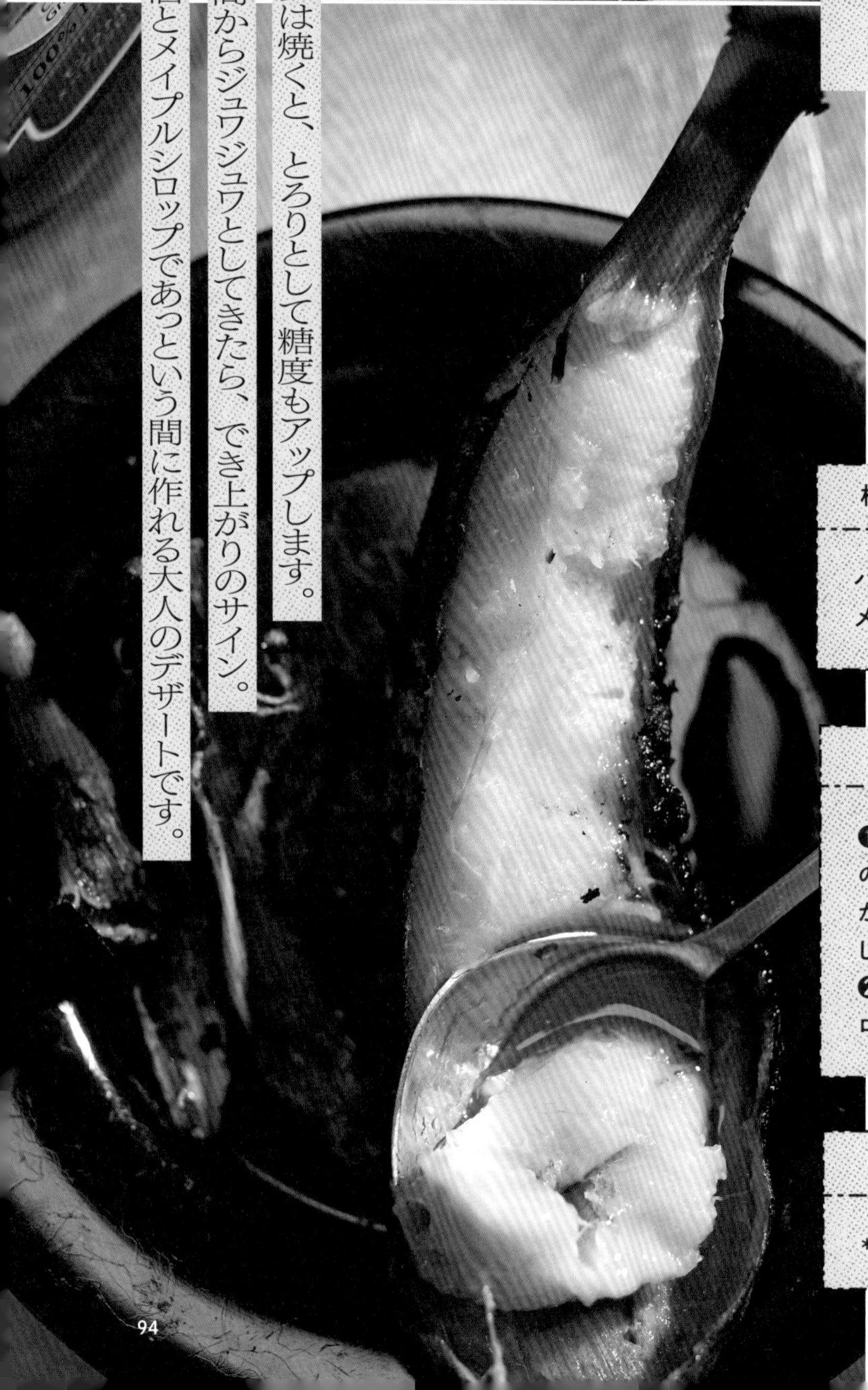

バナナは焼くと、とろりとして糖度もアップします。
皮の間からジュワジュワとしてきたら、でき上がりのサイン。
ラム酒とメイプルシロップであっという間に作れる大人のデザートです。

材料(2人分)

バナナ…2本
メイプルシロップ、ラム酒…各適量

作り方

❶バナナは皮付きのまま丸ごと網の上で焼く。黒くなったら返し、皮が少し裂けて水気が出る程度までじっくり焼く。
❷半分の皮をむき、メイプルシロップとラム酒をかけて食べる。

memo

*ヨーグルトをかけてもおいしい。

焼きりんごのぶどうパンのせ

焼きりんごだけでもおいしいですが、
ぶどうパンとの相性がとてもよいので、
ぜひ一緒に楽しんでほしいデザートです。

材料(4人分)

りんご…1個
ぶどうパン…小4枚
バター…20g
きび砂糖…小さじ1
はちみつ…適量
シナモンパウダー…適量

作り方

❶りんごはよく洗い、5〜6㎜幅の輪切りにする。
❷フライパンにバターを入れて中火で熱し、溶けたらりんごを並べる。
❸両面にほんのり焼き色がついたらきび砂糖を加えてフライパンを揺すり、軽く焦げ目がつくまでときどき返しながら焼く。
❹焼いたぶどうパンに③を1〜2切れのせ、シナモンパウダー少々をふり、はちみつを回しかける。

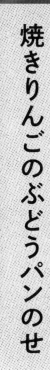

柚木さとみ *Satomi Yugi*

吉祥寺のカフェで4店舗の統括店長を務め、カフェプランナー、フードコーディネーターとしてカフェのプロデュースやメニュー開発、大手料理教室の講師など、食と食空間に関わる仕事を経験し、現在は料理家として活動中。都内で古民家をセルフリノベーションしたアトリエで料理教室「さときっちん」を主宰しながら、企業やメディア向けのレシピ提供のほか、スタイリングや空間作りなど“食”を含めた暮らし方の提案を行う。毎年シーズンごとにキャンプ場などでアウトドアごはんを楽しむ。ベランダや庭でもできる、ゆるアウトドアごはんのアイディアも発信中。

写真 —— 邑口京一郎
デザイン —— 藤田康平 (Barber)
スタイリング —— 中里真理子
調理アシスタント —— 伊藤雅子
編集 —— 小池洋子 (グラフィック社)

友だちと、空の下で、ゆるく料理を楽しむ。
女子キャンプごはん

2023年5月25日　初版第1刷発行

著者 —— 柚木さとみ

発行者 —— 西川正伸
発行所 —— 株式会社グラフィック社
〒102-0073
東京都千代田区九段北 1-14-17
tel.03-3263-4318 (代表)
tel.03-3263-4579 (編集)
郵便振替 00130-6-114345
http://www.graphicsha.co.jp
印刷・製本 —— 図書印刷株式会社

ISBN978-4-7661-3789-7　C2077 2023 Printed in Japan